「公教育」の私事化

日本の教育のゆくえ

岩崎　充益

東京図書出版

まえがき

「なんのために学校へ行くの？」

この質問に対し、明解に答えられる人はあまりいません。学校で勉強する目的は、学校という社会で、いろいろな考えの人々と接する中で人間性を高めることです。さらに、深い教養を身に付け、自分の生を深めるためです。

ルソーは『エミール』の中で語っています。「もっとも多く生きた人間は、もっとも多く年をかさねたものではなく、もっとも多く生を感じたものである。」と。

生を感じるには理性の力が必要です。〈閉じられた学問〉では理性の力は身に付きません。〈開かれた学問〉で理性の力が鍛えられます。

〈閉じられた学問〉とは、一人自分の部屋に閉じこもり自分の好きなことをして過ごす状況を表しています。逆に、〈開かれた学問〉とは、集団の中で自分自身が身に付けた知識を闘わせることです。学校という教育機関の必然性が高まってきます。

良い学校とは授業力が高い学校です。授業力とはいかに教員が生徒の心を動かす授業をしているかで判断できます。生徒の心を動かす授業をしている学校は静かな学校です。生徒が変貌する学校です。

あまり使われなくなった言葉ではありますが「教育は国家百年の大計」というものがあります。最近の風潮として教育を数値（エビデンス）で分析し、対費用効果を語る傾向にあります。財務省は教員定数削減の資料として数値をベースにした分析を利用しようとしています。真の教育効果はもう少し長い目で見たいものです。

２０２０年に向け、日本の教育が大きく動いています。新学習指導要領が告示されました。予測のできない未来に向け、未来からの使者である児童・生徒は歩き始めます。アメリカのある研究者によると「２０１１年にアメリカの小学校に入学した子どもたちの65％は、大学卒業時に今は存在していない職業に就く」と予測しています。オックスフォード大学、マイケル・A・オズボーン氏によると、今後10年から20年でなくならないと予想される仕事に小学校、中学校、幼稚園の先生が入っています。

今の教師は教える事に特化しています。教師の精神主義を否定する声が大きくなってきました。近い将来、教える事はＡＩに代用されるかもしれません。今の日本はアメリカの新自由主義、市場原理主義に基づく教育を追随しています。一方アメリカは日本のナショナルカリキュラム等に未来へのヒントを見出そうとしているのです。

日本の将来を考えることは、これから生まれてくる日本人、将来の日本を支える児童・生徒を中心に考えることです。つまり、広義の教育を考えることです。産業構造が大きく変化していく今日、国民一人ひとりが自立し、各自が課題を見つけ、それぞれが解答を見出していく時代です。

成熟社会が到来した今日、教育の重要性は増しています。激しく動く現実社会とのかい離を埋めるべく教員の思考は柔軟であるべきです。生徒の心に届く教育の重要性が叫ばれます。

２０１５（平成27）年12月21日に中央教育審議会から『これからの学校教育を担う教員の資質能力向上について』と題する答申が出ました。わが国が将来に向け、さらに発展し、繁栄を維持していくためには、様々な分野で活躍できる人材育成が不可欠です。そのためには教員の資質能力を向上させることがもっとも大切であると書かれています。

私が教員になりたての頃（１９７０年代）は、学校現場で教員を育てる風土がありました。しかし、今日ではベテランと呼ばれる教員の退職により、現場で教員を育てる環境はありません。

ここで言う「公教育」は、コンドルセの『公教育の原理』に述べられている概念を指します。まず、「教育の自由」を確認します。この自由には学ぶ自由と教える自由があります。公教育は人民に対する社会の義務であると彼は主張します。コンドルセの述べる公教育とは、不平等が解消され、個人の利益が守られ、社会の繁栄をもたらす教育です。

本書では国立、公立、私立の枠を超えた教育全体の概念として「公教育」と定義しています。

日本語では本来「公私」は対立概念ではありませんでした。いつから「公」と「私」が対立概念として理解されるようになったか歴史を振り返ってみましょう。東島誠氏は次のように述べています。

「日本史上の『公私』は、相対的な〈大―小〉、含み含まれる関係であって、概念として対立していないところに特色がある。歴史的に見れば『オホヤケ』の対をなす語は『ワタクシ』ではなく『ヲヤケ』であった。（中略）『オホヤケ』の対語となるのは、中国から律令が継受され、『公私』の概念が輸入されて以降のことであるが、『オホヤケ』がもともと『ヤケ』のうちの大きなもの、であったがゆえに、『公私』もまた中国本来の対立概念としてではなく、相対的な〈大―小〉の関係と捉えられてしまったのである。」（『〈つながり〉の精神史』２１９頁）

公教育が私事化しています。図1を見てください。

アメリカではオバマ大統領の時、新自由主義の競争原理は教育になじまないと軌道修正をしました。しかし、トランプ大統領になり教育長官としてBetsy DeVos氏が起用されると、図2の通りチャーター・スクールに税金を投入し、競争を激化させました。数値によるエビデンスを基に、チャータースクールが付加価値をつけていないとなるとその学校は廃校になり、教職員は退職に追い込まれます。

私は２０１７年10月にワシントンD. C.でBenjamin Banneker Academic High School, McKinley Technology High school, Dunbar Senior High School, Washington Latin Public Charter School の各校代

日本の場合	アメリカの場合
公立学校は税金でやっている ⇩ 税金のコストにあわない学校がある ⇩ 公教育の縮小化、公教育民営化の声 ⇩ 消費者のニーズ、私的な利益優先の考え	No Child Left Behind 法（改編） ⇩ Direct Instruction Success for All Open Court など低学力の引き上げ特化 ⇩ Common Core Standard（全米共通学力標準）の廃止。トランプ新大統領

図1　公教育の私事化

- 教育長官 Betsy DeVos 氏を起用
- 公教育の崩壊がすすむ
- チャータースクールに税金を投入→競争激化→廃校、統合、教職員の退職など
- 貧富の差による教育力の差が広まる

図2　トランプ大統領になって変わった

- チャータースクールでは教員全体の30%まで無免許でよい。
- 一流の大学を目指すチャータースクールはほとんどの教員が修士課程を出ている。
- レーガン大統領は A Nation at Risk を発表、1983年にナショナルカリキュラムを作った。アメリカでは学力低下が激しく日本の学習指導要領を見習った。
- それまではアメリカの教育は自治体の責務。この頃からチャータースクールが増えた。

図3　チャータースクールとは

表生徒と意見交換をする機会を持ちました。その際、Globalize DCの理事、Sally Schwartz氏からアメリカが抱えている教育問題について話を聞きました。「公教育は激しい競争原理の中に置かれている。トランプ大統領になってから特にその傾向が強い」と言っていました。Sally Schwartz氏によると、アメリカの教育の特徴は、

- 教員の給与が支払われるのは12カ月中10カ月。6月に生徒が卒業すると、次の学期まで給与が出ない。アルバイトをする教員が多い。
- 先生の社会的地位が低い。
- 教員免許は州ごとに発行。大学を卒業すると予備免許が取得できる（カルフォルニア州は有効期限が5年）。大学院や研修を終えると正規の免許になる。しかし5年ごとに更新する必要がある。ニューヨーク州の場合は教員経験と修士免許があれば更新の必要はない。

日本の教育との違いは、

- 日本の教育委員会は中立であるが、アメリカのある南部の州では極端なキリスト教原理主義者が教育委員になっていて、進化論を教えていない。
- 日本は教科書検定制度がある。アメリカにはそうした検定制度はなく、教科書の内容は教

科書会社が学校現場の要望に合わせて作る。

■アメリカの教科書は分厚く、ある程度自学自習で読み進む。学びの意欲がある者は意欲的に学ぶ。学力格差が大きくなる。

この時、意見を交わした高校生は異口同音にハーバード大学などアイビーリーグを目指すと話していました。彼らの学校は進学に特化したチャータースクールです。

日本では教育の三位一体改革が進んでいます。「高校教育」「大学入試」「大学教育」の3分野の改革が進みます。文部科学省が目指す大学入試は受験準備のできない入試です。旧来の進路指導では対応できない入試になります。21世紀を生きる日本人はPISA型（ピザと呼ぶ）「生きる知恵」を身に付け、予測できないこれからの社会を生き抜くことが期待されます。

国立大学では今後3割くらいまで、推薦で学生を確保していくと報道されています。「文化資本」の差で大学入学の合否が決まっていきます。生まれ落ちた生活環境の差でその人の人生が決まってしまいます。教育は不易流行と言われます。今回の教育改革は流行に重きが置かれています。「文化資本」については後に詳述します。

本書は不易なる部分に重きを置きました。教育の不易なる部分を軽視していると、日本の公教育は崩壊するでしょう。セーフティネットから溢れた児童・生徒は学びから逃避していきます。教育格差は広がる一方です。

本書が教員を目指す人にとっては指針となり、また、すでに教育を生業としている人には初心をふりかえるきっかけになることを切望します。保護者の皆様には、日本の未来を支えるご子弟にとり、真の教育を考える糧となれば幸甚です。

「公教育」の私事化◇目次

第1章 教える

ここ20年余りの学力観の変遷を見ていきましょう。「知識・基礎・学力」に主眼を置いた教育を標榜したのが1990年代です。2002年頃に「生きる力」が唱えられ、その後「人間力」という言葉が登場します。2013年頃から安倍政権になり「グローバル人材」の育成が主眼とされました。

1991年にバブルが崩壊し、その頃から「自分はダメな人間だと思う」と答える高校生が増えてきます。日本青少年研究所のデータによると1980年に12・9％の生徒が「自分はダメな人間だ」と答えています。その数は増え続け、2002年に30・4％、2011年に36％へと膨らんでいます。

2001年、当時文部科学省に在籍していた寺脇研氏は宮台真司氏との討論の中「今の学校の問題は何か」と問いかけています。宮台氏は「動機づけの失敗」であると答えています。

この頃から将来への希望を失くす児童・生徒が増えてきます。将来に対する希望を失くし、学びの動機づけができていない児童・生徒が増えていくことは社会問題であると宮台氏は指摘しています。

後期中等教育の授業料が無償になり、ほとんどの生徒が高校に進学するようになりました。将来に対する目的もなく、進路について特別な関心を抱くことなく無為に青春時代を過ごす若者が増えています。

「公教育」が私事化されています。私事化とは「学びの形」が変容しているということです。予備校化されたと言ってもよいでしょう。巷からは税金で教育をするのは止めようという声さえ聞こえてきます。

教育は商品ではありません、知的公共財です。教育の目標は「公」のために寄与する人材の育成です。だから教育は「知的公共財」です。

日本の「公教育」は競争原理のなか格差が生じています。「公教育」の下支えが喫緊の課題です。一番心配なのは中等教育（中学校・高等学校）です。「知的公共財」である日本の「公教育」を日本全体で支えていかないと日本の未来はないでしょう。日本の「公教育」の中でも前期中等教育（中学校）は心配です。前期中等教育は義務教育で、生徒のほとんどが後期中等教育へ進学します。前期中等教育で教育格差が進行しています。

公教育を復活させるために力ある教師を育てなければなりません。力ある教師とはどのような人物でしょうか。

優秀な教師とは知識量の多寡で測られるものではありません。何より人間性です。信頼される人物、尊敬される人物が優秀な教師の資質です。「教育は人なり」と言われるゆえんです。

人々から信頼され、力ある教師になるためには、どうすればいいのでしょうか。
日々の授業研修も大事ですが、幅広い職種の人間と付き合うことです。自分の趣味を持ち、空いた時間には趣味に生きることです。閑暇を無為に過ごす人と、**閑暇を自分自身を高める読書にあてる**人とは大きな差がつきます。

教師に対する風当たりが厳しく感じられます。教師だけに風当たりが厳しいのではありません。今の大人に対する風当たりが強いのです。大人の幼児化が問題となっています。児童・生徒が最初に出会う大人が教師です。だから大人である教師に対する風当たりが強く感じるのです。

力ある教師とは専門的知識にたけ、教科指導力があり、周りの人に向上心をうながす人間的魅力に富んだ教師だと定義できます。「授業力」のみならず「**人間力**」が要求されます。日本の教育の特徴として守備範囲の広さが指摘されます。つまり、日本の教員の業務には授業で教えることはもちろん、放課後の部活動指導、生徒指導、ときに来校する保護者への対応があります。

一方、アメリカの教師は教えることのみに専念します。放課後や休日の部活動指導は専門の担当者が指導します。休日の課外活動は教会などの地域が担当します。

厚生労働省による「働き方改革」の実現に向け日本の社会は始動しました。政府は教員の労働時間の見直しに向け着手しました。日本の教員もアメリカの教員のように、教えることに専念すべく、課外活動は専門の担当者に依存することになりそうです。この流れの中で是非「授業力」とともに「人間力」も優秀な教員の資質として忘れないようにしたいものです。

こうした教師が授業で生徒の心を動かすことができます。ここで技術論について少し触れておきましょう。

教師は授業で勝負する

授業の最初の5分でその教師はベテランかどうか決まります。休み時間が終わり次の授業が始まった瞬間、一瞬にしてその教科に教室が転じます。ベテランの教師は前の授業を引きずることがなく自分の教科へと児童・生徒を引き込んでいきます。

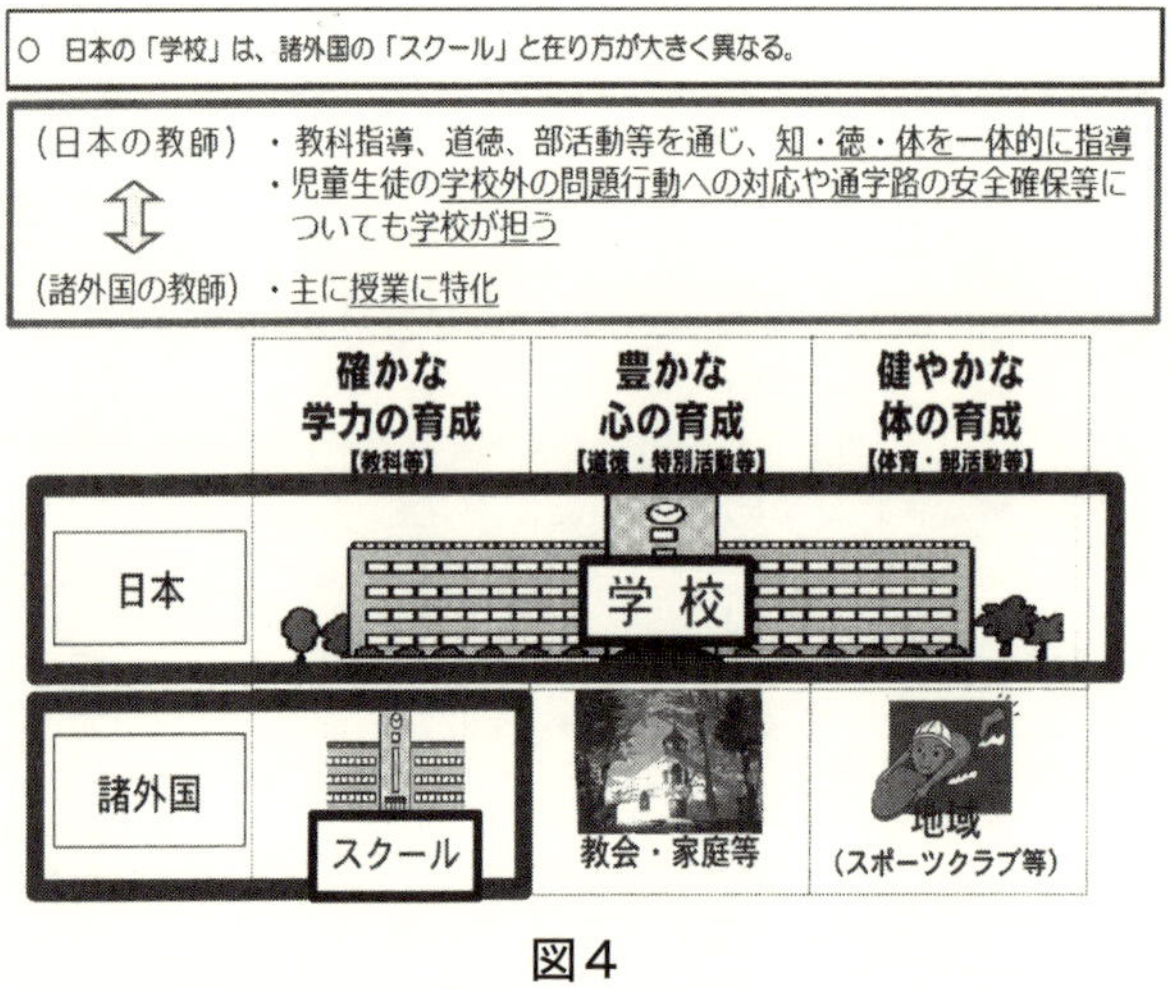

図4

中央教育審議会教育課程企画特別部会（平成27年8月20日配布資料より）

ベテランの教師は**発話（問いかけ）が違います**。

私は米国コロンビア大学大学院で英語科教授法を学びました。米国の授業は80％が学生の発話です。

良い授業のほめ言葉として先生と生徒の間にgive and takeがあることと学びました。生徒の活動を引き出す発話を身に付けることが優秀教員への道でしょう。

教育者、林竹二氏はあらゆるタイプの学校を訪問し飛び入り授業をしました。良い授業の定義として、「子どもの発言が活発であったか否かではなく、子どもが授業にどの程度集中したかによる」と話しています。

林氏の発話には特徴があります。

- 質問する前に**問う内容を限定**していて、答えやすい問いになっている。
- **全体から中心に向かって問いかけ**が進行している。
- 児童・生徒が答えを**予想**できるような選択肢が工夫されている。

良い問いかけとは、理解させたいことと児童・生徒が知りたいこととのつながりがあるのです。生徒が授業の中で発話することで、児童・生徒は変わります。

◇真似てみる

教育者、斎藤喜博氏は「教室は劇場、生徒は観客、先生は演技者」だと言いました。演技者が観客の関心を引きつけ、知識が演技者から知らず知らずのうちに観客に伝達する。観客は楽しく学ぶ。これが理想的な授業の型です。

優秀な教師になるにはベテランの教師の**授業をよく観察**することです。

ベテラン教師が授業の流れをつかみ、導入、展開、まとめの節ごとにどんな**発話**をしているか、盛り上がりの瞬間から元の授業に戻るときどのように問いかけをしているか注意して観察して下さい。

次にちょっと背伸びをして**真似てみる**のです。試行錯誤は許されます。実際にそのやり方を真似てうまくいけば、それを自分のものとするのです。

型から入ることを進めます。授業がうまくいった時、その日一日が楽しい気分になります。ベテランの教師は生徒を引き込むような話をします。次に話し方のコツについてお話ししましょう。

◇全体から部分へ

皆さんは沢山の児童・生徒の前で緊張せずに自分の考えを伝えられますか。どうしたらあがることなく大衆の前で話すことができるのか、人前でもあがらないコツをお話ししましょう。

■**全体から部分**に渡って話す。

■要点をまとめた**メモ**をそっとポケットの中に潜めておく。ポケットの中にメモがあることで自然と心が落ちつきます。どうしてもあがってしまい話す内容を忘れたとき、そっとポケットからメモを取り出しましょう。メモを棒読みしないこと。その為にはメモは要点だけを箇条書きしておくのです。

■**聴衆は物**。例えはあまりよくありませんが、聴衆の目が刺すように感じることがあります。聴衆は物、石ころだと思えば何人いようが、何千人いようが緊張しません。ただし、教室では一人ひとり人格者として見ること。

■授業では**ゆっくり話す**ことを心がけましょう。話すスピードが大切です。メリハリのある授業は変化があります。単調に流れていく授業は印象が残りません。

■大切なところで**間をおく**。児童・生徒に覚えてほしい事柄は板書します。板書し終わって児童・生徒が書き写す時間を与えてあげましょう。

ここで私が考えた授業観察のチェックポイント表を示しましょう。コロンビア大学在学中に作成したものです。

Classroom Observation（授業観察記録）

Name__________________ Date （日時） ____________________

Observer （授業観察者名）______________________________

Class Management 4=outstanding, 3=good, 2=requires improvement, 1=inadequate

Arriving on time（チャイムと同時に開始）	4	3	2	1	Comment
Trying to elicit student responses（生徒が答えやすいよう質問を工夫しているか）	4	3	2	1	
Trying to elicit divergent, open-ended student responses（発問に工夫がみられるか）	4	3	2	1	
Trying to praise students（生徒をほめる場面が多いか）	4	3	2	1	
Trying to use English in the classroom（英語で授業を運営しているか）	4	3	2	1	
Trying to encourage students to participate（授業参加を促す発問をしているか）	4	3	2	1	
Being aware of whether there is laughter in classes（ユーモア溢れる授業か）	4	3	2	1	
Giving explanatory presentations, using teaching materials effectively（教材の使用）	4	3	2	1	
Facilitating students performance or reinforcing behavior（意欲関心を引き出す授業か）	4	3	2	1	

Writing on the Board

Giving students enough time to take notes（板書する時間は十分か）	4	3	2	1	
Written clearly and to the point（板書は読みやすく、理解しやすいか）	4	3	2	1	
Not too much information（的確にまとめているか）	4	3	2	1	

Teacher's Attitude

Modeling and correcting（発問、指導法）	4	3	2	1	
Personal advice to student（意欲・関心）	4	3	2	1	
Articulation（発音）	4	3	2	1	
Stage setting（授業全体の構成）	4	3	2	1	

Total Evaluation（総合評価）

図5

板書は一種のメディア

板書は一種のメディアです。つまり情報伝達の手段です。そういう意味では、教室の壁もメディアになります。新学習指導要領ではあまり板書に頼らない学びへと変わっています。最近では電子黒板がかなり普及しています。国語、地歴・公民の先生など情報量が多い授業ではそのつど板書するのに苦労します。電子黒板は板書を瞬時に提示でき、さらにその上に手書きで書き加えられるため便利です。

数学の教師が数式を関数グラフにして電子黒板の上に提示し生徒の興味をひく授業をやっています。電子黒板を積極的に利用していきましょう。

「教えることは、学習を促進することである、人は教えなくても学ぶものである」（スキナー）教師の役割は**学びの環境を整える**ことであると言えましょう。学びを喚起するような学習環境を造ることが優秀な教員の使命です。

◇生徒の名前の覚え方

力のある教師とは生徒からの信頼が篤い教師です。そうした先生は生徒の名前を覚えるのに長けています。同級会などで、何年ぶりかに会った時に一人ひとりの名前を覚えている先生には頭が下がります。生徒の名前を覚えるコツを教えましょう。

■欠点より美点でその生徒を記憶する。例えば「テニスが上手い〇〇君」など。
■生徒の特徴を覚えておき、その生徒の名前と関連づける。例えば、「少しシャイな〇〇さん」など。
■部活動、出身地で覚える。例えば、「〇〇県出身の〇〇君」など。
■大小2種類の出席簿を用意する。小さなメモを何時も持ち歩き気がついた時メモを取る。

◇好かれる先生、嫌われる先生

統計によると、次のタイプの先生は好かれます。

■ユーモアがある。
■どの生徒にも公平に接する。
■自分の間違いを素直に謝る。

実習生に対するアンケート調査があります。次のようなタイプの実習生が好かれます。

■授業を分かりやすく教えてくれる。
■何事にも一生懸命。

■授業が楽しい。
■性格が明るい、面白い、やさしい。

嫌われる実習生は次のようなタイプです。

■「本当は教師になりたくないんだ」などと平気で生徒の前で言う。
■第三者の悪口を言う。
■とにかく威張る。
■授業で声が小さく聞こえない。教え方が下手。生徒の顔を見ない。
■性格が暗い。ひいきをする。すぐ怒る。

教えようとしない心は最もよく教うる心

良き師との出会いは魂のふるえをおぼえます。哲学者、三木清氏は「教えようとしない心は最もよく教うる心」と言います。

三木氏の言葉にもう少し耳を傾けてみましょう。「魂の秀れたる哲学者とは、永遠なるものに対する情熱の深き人。彼らは外にむかう心よりも内に還る心、人を教えようという心よりも自ら求めようとする心が真の哲学の根底として尊ぶべきものであることを知っている」

教師の語る言葉は単なる思想や知識を伝達する手段にとどまりません。言葉は思考ではないと哲学者、森有正氏は断言します。思考が教えようとする知識の周辺を逡巡し、定義しようとします。苦悶したすえに到達した言葉が王冠のように思考に冠せられます。こうして得られた言葉が、学ぶ者の心に届くのです。

経験を経た言葉と定義されます。**教師は言葉遣いの名士**と言えましょう。

◇効果的授業とは

文部科学省は「アクティブラーニング」という言葉の代わりに「主体的・対話的で深い学び」という言葉を使っています。アクティブラーニングがなぜ誤解を招くのでしょう。図6を見てください。

真のアクティブラーニングとは生徒の頭の中がアクティブに活動している状況なのです。ペアワークやグループワークをやっていてクラスの雰囲気が活気に満ちているように見えても、それだけでは「主体的・対話的で深い学び」だとは言えません。

生徒が能動的に活動していて、書く、話す、発表するなどの活動の関与と、そこで生じる認知プロセスの外化を伴う学習態度が真の「主体的・対話的で深い学び」です。

図6　生徒の脳の中

- 動機づけ⇒方向付け⇒内化（知識を蓄える）⇒外化（自分の知識を使って、自分の考え、思想などを表明する）⇒批評⇒統制

図7　学習のプロセス

エンゲストローム（ヘルシンキ大学教授）『変革を生む研修のデザイン』

ここで**外化**《がいか》ということについて説明しましょう。まず、ある教科に対する学びの動機づけがあります。知識を蓄えた状況は内《ない》化《か》です。従来の学びはこの段階から大学受験なり、高校受験にのぞみました。これからの学びはその知識を使い、友達との協働作業を通じ、「～がわかる」という深化に達した時初めて知識を習得したと言えます。この段階を「**メタ認知**」と言います。つまり、心の窓で自分自身の変化が見える段階です（図7参照）。

「主体的・対話的で深い学び」とはこの認知プロセスの「外化」と「内化」とを交互に経験することです。これがdeep learning（深い学び）の定義です。

次に深い学びを導くためにどのようなシラバスを構成したらよいか説明します。

■３年間あるいは中高一貫教育では６年間を見通したスキルを身に付けることを目標にします。自分の知識で「〜ができる」という標記で児童・生徒が自分の学んでいる教育課程でどのような知識がつくのかCAN－DOリストの形で表すと良いでしょう。

■到達目標を明確化し、逆向き設計をします。逆向き設計とは、卒業時に例えば国公立大学合格○○名等の数値目標をたてます。その目標を達成するため、○○学年のこの時期にどんな単元の授業をやるか考えます。

■単元のねらいをふまえ、その目標を達成させるため、どこで「主体的・対話的で深い学び」を授業に入れるか考えます。

■「主体的・対話的で深い学び」を達成するための問題作成演習、推論・仮説をデザインします。授業の中で、積極的にペアワークなり、グループワークなりを取り入れます。

２０２０年より、小学校から順次導入される新学習指導要領の要は「新しい学びの形」です。新たな学びの形については第12章で詳しく述べます。

第2章　育てる

２０１５年3月、ある高校の教師が校庭に穴を掘り、子猫を埋めるというショッキングなニュースがありました。なぜ、このニュースがこれほど大きく取りあげられたのでしょう。

生命への畏敬がないところに教育は成り立たない

生命への畏敬という言葉が人々の口の端から消えて久しくなります。アルベルト・シュバイツァーが『文明化学』という本の中で「生命への畏敬」という言葉を初めて使っています。人生において最初に接する大人が教師です。人は誰でも教師との出会いを通じて人間的に成長していくのです。極論を言うと、犯罪者もどこかで教師との出会いがあったのです。教師は大変責任の伴う職業なのです。教師は人を育てる職業です。それも、**（他）人を愛することができる人を造る職業**です。

「愛」という概念は西洋と東洋とでは微妙に異なります。「人を愛する人」とはどのような人間なのでしょう。

「人間が本当に生きるとは、神との応答に生き、また隣の人との愛と信頼に生きる、またそれによって隣の人を生かし、自分も生かされる」（並木浩一『ヘブライズムの人間感覚』）

西洋思想の根幹をなしているヘブライ思想では死への問いより、生きることを重視しています。隣人を愛することが神への返答（response）です。それが責任（responsibility）なのです。

私がここで強調したいのは親が子どもに示す愛です。子どもが何か不始末をしても親は包み込む愛を持っています。私が理想とする教師はこの愛を持ち合わせた人です。こうした愛は他人に対する洞察力から生まれます。**洞察力が欠けたところに愛は育ちません。**

教育は強制をともなう

生徒の心を動かすことのできる教師を目指す人にはルソーなど伝統的な教育書を読むことを勧めます。ルソーの『エミール』に次の言葉があります。

「苦しみを味わうことのない人間は、人間愛から生まれる感動も快い同情の喜びも知ることはあるまい」（『エミール』107頁）

より**深く愛することはより強く叱ること**です。教育は他律により児童・生徒の自律を引き出すことです。

自由と規律はよく対比されます。規律がない所に自由は得られません。規律のない自由は放任です。

教育は生徒を正しく導くための強制をともないます。これが生徒指導です。**生徒指導**についてお話ししましょう。似た言葉に**生活指導**があります。生活指導と生徒指導はまったく別の概念を表す言葉です。

生徒指導はstudent guidance、つまり生徒の自律を促す教育用語です。小中学校で生活全般の指導を表す意味で「生徒指導」と「生活指導」の両方を使っていますが、正確には１９６９（昭和44）年頃から「生徒指導」で統一されました。

心から叱ることのできる先生は人気のある先生です。体罰を加える先生は児童・生徒の成長を願っているのではなく、自分自身の意にそぐわないから暴力を加えるのです。

「**叱る3分、ほめ7分**」という言葉があります。学習活動の主要な場面はほめることに徹しましょう。しかし、この場面を逃したらこの生徒がだめになると判断した時、その機を逃さず心をこめて叱りましょう。

怒りがおさまらない時は、心の中で「10」数えましょう。怒りがしずまってから毅然たる態度で叱りましょう。

児童・生徒が不始末をしても叱らずやり過ごしていると、無視されたと思われます。叱らない先生は人気のない先生なのです。

叱るコツを教えましょう。

■短時間にぴしゃりと叱る。
■叱った後、その児童・生徒のアフターケアを忘れない。
■叱った後でも、その児童・生徒の良い部分を見つけ出すようにする。

「坊主憎けりゃ、袈裟まで憎い」という言葉があります。教師も人間です。性格的に合わない児童・生徒がいます。**教育は公平**に施すこと。子どもの教育は家庭教育に負うところが大です。家庭との協力なくして教育は成り立ちません。

最近耳にしなくなった言葉に「頑固親父」という言葉があります。この世から頑固親父が姿を消しました。子どもをうまく叱ることができない父親が増えています。

東京大学教授の本田由紀氏の調査によると、日本の父親の、子どもとの接触時間が30分以下の比率が55・1％と半数を超えています（『多元化する「能力」と日本社会』）。

町から叱り屋さんが姿を消しました。叱り屋さん（significant other）は子どもたちが外で悪いことをすると叱ってくれました。子どもたちは社会で育てられました。

生徒の心を動かすことができる教師は母性原理と父性原理を兼ね備え、両者をうまく使いこなします。河合隼雄氏はその書『子どもと学校』の中で父性原理と母性原理について次のように触れています。

父性原理は直線的で個人差を肯定します。個人の確立、個人の成長を目標とします。

一方、母性原理は、円環的で、場への所属、場の均衡つまり現状態の維持に重点を置きます。「切る」より「包む」ことに重点を置きます。

生徒の心を動かすことのできる教師は「包み込む」ようにほめ、「切る」ように叱った後、また「包み込む」のです。

学力とは

最近児童・生徒の学力低下が話題になっています。児童・生徒の学力は下がっているでしょうか、それとも変わらないでしょうか。

ＯＥＣＤのＰＩＳＡ（２０１５年）学習調査の結果によると日本の児童・生徒は引き続き高い成績を示しています。科学的リテラシーでは日本を上回る国はシンガポールのみです。読解力、数学的リテラシーなどでも好成績を示しています。

ＯＥＣＤが想定している学力とは知識量の多寡ではなく、学校で身に付けた知識を社会生活でいかに活用していくか、問題解決能力、探究心などを指しています。ＰＩＳＡを統治するＯＥＣＤの教育・スキル局長のアンドレアス・シュライヒャー氏の講演会に出席したことがあります。日本はＰＩＳＡの順位に一喜一憂しないよう話していました。日本は２０１８年に実施される、global competency（世界標準知）を測るＰＩＳＡには参加しないことを表明しています。氏はなぜ参加しないのか理解できないと話していました。恐らく、参加しても日本の児童・生徒はかなり低い結果になるでしょう。

学習スタイルには次の二つがあります。

ア　**習得スタイル**：授業→復習→予習（授業に戻る）

イ　**探究スタイル**：授業→追究・探究→表現（授業に戻る）

日本の教育現場では習得スタイルに重点を置かれた教育が綿々と積み重ねられてきました。探究スタイルを最初に提唱したのはアメリカのジョン・デューイ氏です。彼が提案した **in-quiry-based learning**（探究法）について少し触れておきましょう。

彼が目指した探究スタイルの教育効果として、生徒のクリティカル・シンキングの養成、問題解決能力の伸長があります。究極的には生涯学習能力の育成です。

文部科学省は今後5年間でＩＢ（International Baccalaureate：国際バカロレア）の認定校を全国で２００校程度指定したいと表明しています（２０１１年）。このバカロレアが測定する能力はクリティカル・シンキングや問題解決能力です。

最近、探究スタイルの重要性が見出されてきました。グローバル化する今日、ＯＥＣＤが想定する学力の習得の必要性が再認識されたと言ってよいでしょう。

ＣＥＲＩ（Centre for Educational Research and Innovation）によると、学校教育が育てる「学力」とは、この変動激しい世の中を生き抜く技能であり、全教科を通じて育成する「教科横断的コンピテンシー（Cross-Curricular Competencies）」だと定義しています。

天野貞祐氏は著書『教育論』の中で、学力を次のように定義しています。

「学力と言う意味が十分に省察されなければならない訳である。新学制における学力とは、わたくしの理解するところに従えば、知識の集積を現に所有するというよりは、原理的な知識が修得され知識の基礎が堅固に築かれることである。目指すところは、知識の集積より知識力である」

天野氏の言う知識力はDeSeCo（Definition and Selection of Competencies: Theoretical and Conceptual Foundations）のコンピテンス概念に通じるものがあります。次の三つのキー・コンピテンシーが21世紀社会において必要となると言われています。

①社会的、文化的、技術的ツールを相互作用的に活用する能力
②多様な集団における人間関係形成能力
③自立的に行動する能力

新学習指導要領では、三つの学力として、

① 主体性・多様性・協働性、学びに使う力、人間性など
② 個別の知識・技能
③ 思考力・判断力・表現力など

この学力には「見えない学力」と「見える学力」と2種類あることをご存知ですか。

「見える学力」とは測定可能な学力です。「見えない学力」とは測定不可能な学力のことを指しています。

見える学力とは次のような学力を指します。

- 基礎学力、基礎体力、コミュニケーション能力、受験学力

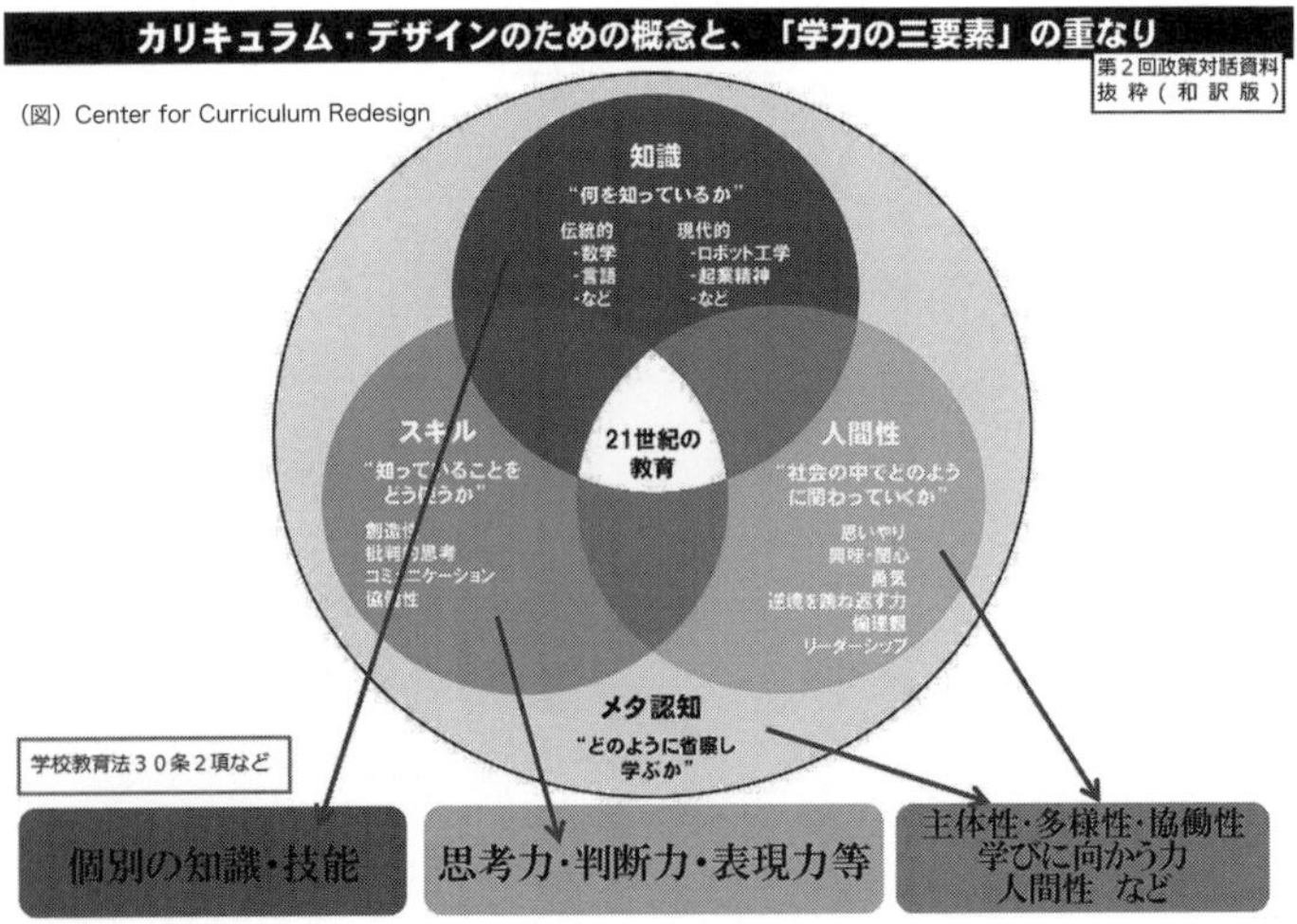

カリキュラム・デザインのための概念と、「学力の三要素」の重なり

第2回政策対話資料抜粋（和訳版）

（図）Center for Curriculum Redesign

知識
"何を知っているか"
伝統的
・数学
・言語
・など
現代的
・ロボット工学
・起業精神
・など

スキル
"知っていることをどう使うか"
創造的
批判的思考
コミュニケーション
協働性

人間性
"社会の中でどのように関わっていくか"
思いやり
興味・関心
勇気
逆境を跳ね返す力
倫理観
リーダーシップ

21世紀の教育

メタ認知
"どのように省察し学ぶか"

学校教育法30条2項など

個別の知識・技能 ← 思考力・判断力・表現力等 ← 主体性・多様性・協働性 学びに向かう力 人間性 など

図8　カリキュラム・デザインのための概念と、「学力の三要素」の重なり

中央教育審議会教育課程企画特別部会（平成27年8月20日配布資料）

一方、見えない学力とは、

- 思考力、表現力、論述力、意思決定能力
- 問題解決能力、批判的思考力、忍耐力、危険回避能力、洞察力、公共心、道徳心、心身の自己管理能力

見えない学力は hidden curriculum の訳語です。学校生活を続けるなかで自然に身に付けていく学力です。力のある学校とはこの見えない学力を学校経営目標の一つにしている学校です。

先生の成績表

児童・生徒たちは学期末に成績表を受け取ります。成績を出すことは先生として大変責任が伴う仕事です。公正な評価、客観的に見て十分納得のいく評価を出せるようになれば一人前の教師と言われます。

学期末、あるいは年度末、教師が成績表を児童・生徒あるいは学生に手渡す時、教師も成績

図９　生徒の学力がよく見える

表を受け取っているのです。

石川達三氏は次のように言います。

「教師の仕事は一年ごとに区切りがつく、区切りがつくことは厳しい事である。生徒たちに成績表を渡してやると同時に、先生は自分もまた一種の成績表を受け取るのだ」（『人間の壁』）

教員は誰からも評価されることのない特殊な業種でした。今は違います。今日では管理職による授業観察があり、常日頃の教育活動と合わせ業績評価がつきます。この業績評価によって賃金の高低も決められます。

『学級王国』という言葉が代表するように、教室内では教師がその世界の指導権を握ります。児童・生徒は一日の大部分を教室で過ごします。**教師の指導力、人間性など顕在的あるいは潜在的に生徒の成長に影響を及ぼしている**のです。

今日では社会の厳しい目が教師に向けられています。学校という集団内で不祥事があっても教師同士告発する風土ではありません。教師は自分に甘く、他人にも甘い集団であると言われるゆえんです。

一年の終わりに教員もある種の成績表を受け取ると言った石川氏の観点は正鵠を射ています。**自分の育てた児童・生徒を上級学校へ送り出す時、先生も成績表を受け取っている**のです。

第3章　造る

未来を造る

児童・生徒は未来からの使者と考えられます。未来からの使者を育て、次世代を担っていく人材を社会に送り出すことは大変名誉あることです。教師の仕事は未来からの使者を育て上げることです。

教育は未来を創造する職業です。

未来を予想することが難しい時代になっています。不可知な未来に対する希望、夢を持てといっても児童・生徒は困惑した表情をするだけです。世界は激しく変遷しています。1年先のことは誰も予測できません。

未来は予測できませんが、未来を造っていく作業は現実の歩みです。優秀な人材を育てることがより良い未来を造ることにつながります。これが教育者の責務です。

教育は人格の陶冶です。お金持ちを目指す人は教職の道を断念した方がいいでしょう。教育は金儲けとは無縁の世界です。**教職は聖職**と言われるゆえんです。

私は20代の頃（1975年3月〜）、イスラエルで1年半ほど暮らしました。水と安全に関しイスラエルは日本と対極にあります。日本では水と安全は比較的安価で手に入ります。イスラエルは国防に莫大なお金をかけます。水は遠くヨルダン川から砂漠の地下に埋め込まれた大きなパイプで運ばれて来ます。パイプがテロリストに破壊されたらイスラエル国民は死滅してしまいます。パイプを敷設した場所には軍隊が配置され終日警戒にあたっています。

イスラエルのウルパン（移民の為のヘブライ語学校）で私はヘブライ語を学んでいました。1時間ごとにラジオからニュースが流れてきます。5分間くらいのニュース放送の間、イスラエル国民は皆ニュースに耳を傾けます。毎日、テロリストにおびえる生活を送っているのです。

日本の最難関と言われる大学を出たある実業家が「お金で買えないものはない」と豪語していました。その人は六本木ヒルズに住み、何億というお金を稼いでいました。

バブルの全盛期、日本国民は一種の熱病にかかったように、投資に全関心を寄せていました。私はその頃、商業高校に勤めていました。その学校には株の取引をシミュレーションする授業がありました。東と西に分かれ、株の投資を疑似体験していました。昼休みなど、生徒は何万儲かった、損したと話していました。

バブルがはじけました。ある意味でチャンスでした。世界に誇れる文化と歴史を持つ日本のあり方について、そして**日本の未来を支える「個」**をいかに育てるか**静かに考えるチャンス**でした。確かに、投資という言葉はマスコミ界からしばらくの間姿を消しました。しかし、人々の心の中に次世代の教育より、景気の動向ばかりが心配事として残りました。学習指導要領は世相を反映します。社会全体でどんな国民を育てたいのか、学習上のガイドラインが学習指導要領です。

バブルが崩壊したのは１９９１年でした。その翌年、１９９２年、学習指導要領が編纂されました。

この年の学習指導要領に**『新学力観』**が登場します。教育課程で個性を生かす教育に力点が置かれました。学習内容の削減が実施されたのもこの年です。生活科が新設され、道徳教育の充実など、社会の変化に対応できる心豊かな人間育成を主眼とした学習指導要領が完成しました。

この年から10年以上に亘っていわゆる「ゆとり教育」が教育界を席捲します。その後「総合的な学習の時間」「奉仕」などが教育課程に組み込まれていきます。この年を契機に経済・社会を支える人材育成教育に視点が移っていったと言えます。

未来の日本を担う人は、この国の形に敏感な市民の謂いです。ハンナ・アーレントが「理想的な市民」について述べています。

彼女が理想とする「市民」はソクラテスの時代、つまり、古代ギリシャ時代に存在していました。当時「市民」は「政治的なるもの」の担い手でした。しかし絶えず政治に関わっているのではなく、必要な時、政治に参加していました。その為、自己陶治には日々余念がなかったのです。

日本の未来を担う人材は、この国の形をどうするのか、深く考えられる市民です。そういう人材を育てるのが日本の教育に課せられた使命です。

知恵ある国家

社会生活での格差が顕在化しています。「希望格差」という言葉さえ生まれています。エリート層を育てることと、下位層の児童・生徒に適切な教育を施し、下支えをするころが日本の国力維持に欠かせません。学習院大学教授、佐藤学氏の言う「学びからの逃走」と形容される児童・生徒の多くは下位層に属しています。

成績上位層と下位層を育てることで中間層も伸びます。ここで、主に知恵ある国家の創造についてお話ししたいと思います。

知恵ある国家とはエリートに導かれた国家です。

ここでエリートの定義をしておきましょう。

国家の支柱をなすものは、国家への奉仕を担う国家公務員です。国家公務員を代表する職として政治家がいます。真のエリートはノブレス・オブリージュ（位が高ければ、徳も高くなければいけないというフランス語）でなければいけません。政治家はノブレス・オブリージュでなければいけません。実際はどうでしょうか？

日本を担う真のエリートとは、個人の利益より、**公の利益を優先**する人物です。国益のためという体裁を装い、私腹を肥やしている輩がいます。国民が賢くないと、こうした輩を見抜くことができません。そういう意味で国民の教育の下支えが必要なのです。

プラトンはこうした国家公務員の役割を認識し、国家公務員を育てる教育の重要性について説いています。

「プラトンこそ、こうした公務員の役割を理解し、これに適切な教育と訓練を施して、一つの特別な使命を帯びた団体に育てあげてゆく必要性を考えた最初の人であった。」

（アレクサンドル・コイレ『プラトン』）

ソクラテスは知恵ある国家について、

「知識をうることで深く考察できる。深く考察する人間が集まると、優れた能力の集団が形成される。そのためには優れた能力のリーダーが必要である」と言います。

知恵ある国家から知恵あるリーダーが誕生します。

日本の近現代を振り返ってみると、この国の形を造るため、命を賭してまい進した先人の軌跡が読み取れます。

１８７２（明治５）年に日本で最初の近代学校制度、『学事奨励ニ関スル被仰出書』が制定されました。

「邑に不学の戸なく、家に不学の人なからしめん事を期す」という言葉に代表されるように西洋の教育制度を模し、日本国民全員に教育が施されるようになりました。寺子屋に代わって官立校が日本中に創設されました。

この頃から国が指定した教科書を使って、国が養成し資格を与えた教師によって日本中一定基準の教育が施されることになりました。

官立校の中でも後の東京大学から日本の知を代表する人材がたくさん輩出されました。東京大学から輩出される知識人は丁度小舟に揺られる船乗りのように社会の動きにつれ右に左に揺れていたのです。

「大転回《団体魔術支配》が起きた主たる舞台は東大だった。その少し前の時期、左側からの天皇制国家攻撃が一世を風靡し、革命の次回の時代の到来が叫ばれた。それも主たる舞台は東大だった。そして、それに対する反動として、右翼ナショナリズムはテロに走っていく。右翼学生運動の中からテロリストが生まれた。そこから時代を動かす大ドラマが展開していく。その舞台になったのは東大だった」（立花隆『天皇と東大』15頁）

つまり東大を舞台に時代を動かす大ドラマが展開していったと立花隆氏は書いています。国家の独占的人材供給源として東大はその機能を果たしてきたのです。東大は日本の知をリードしてきたのです。

東大型秀才は人から教えられることを丸暗記することを得意とし、それを祖述（その通りに実行）することを得意としていました。しかし、自分の頭で独自に物事を考える、クリエイティブな思考は苦手であったと立花氏は分析しています。

日本の大学の学士力を高めることが日本の国力を高めることにもつながります。日本の大学を世界中から優秀な知が結集する教育機関にする必要があります。

日本中の進学校は東大などの難関校を目指します。公私立高校は東大の合格者数を競い合っています。私立は存亡をかけ、東大など難関国公立、難関私立大学の進学率を高めようとしているのです。

東京大学を始め、こうした難関国公立大学に合格するには5教科7科目、あるいは6教科8科目、つまり、主要5教科の莫大な知識を吸収し、受験する大学が要求する知識レベルに達していることを表明しなければなりません。

単なる暗記では対応できず、**知識を自分なりに解釈し、分析し、論理的に記述する力が試されるわけです**。ところで、多くの私立大学が入試科目から数学をはずしてしまったことは国家的損失です。

ある難関国立大学の副学長から直接聞いた話です。大学受験での合格が到達点になっていて、大学へ入学してから学びをやめてしまう学生が多い、とのことです。受験勉強でゴムが伸びきってしまうのです。東京大学では後期試験を止め、推薦入試を導入しました。幅広い知識人を集めたいのでしょう。

日本でも大学進学率が50％を超えました。いわゆるユニバーサル化の到来です。幅広い学力の大学生が社会へ出ていきます。日本全体の知力を向上させるため学士力を高めてゆく必要があります。

世界に抗する学士力を持った人は「21世紀型知識」を身に付けた人です。「21世紀型知識」は「**ジェネリック・スキル**（Generic Skill）」とも言われます。

国立教育政策研究所の深堀聡子氏はジェネリック・スキルについて次のように定義しています。

「ジェネリック・スキルは専門分野から独立して習得されるわけではない。専門教育を下支えする基礎教育であり、専門分野を超えて共有される教職教育であり、専門的な知識・技能を統合する能力、専門的な知識・技能を活用する際の哲学・指針、学術が社会的にレリバント（妥当）であるための不可欠な要素である」（CRET/BERD国際シンポジウム　２０１３年2月4日）

深堀氏はこうしたジェネリック・スキルの一定の基準を満たした者にのみ学士を与えることを提案しています。

大学入学試験の大幅な改革が必要です。学士力認定試験を課すなど、出口を難しくして、入り口のハードルはもう少し低くできないでしょうか。今のままでは、3年制の一部の進学校、進学を目指す中高一貫校の生徒しか東京大学、京都大学などの難関大学には合格できません。

人為的な社会化

読者の皆さんは「中等教育」という語彙を知っていると思います。「中等教育」は「前期中等教育」（中学校）と「後期中等教育」（高校）に分かれます。

ここでは主に「後期中等教育」つまり「高校教育」についてお話ししたいと思います。

皆さんは民主党政権が着手し現政権に引き継がれている高等学校の授業料無償化で日本の教育現場がどのように変化したと思いますか。民主党政権時代、高校の授業料無償化によって退学率が減少したと報告しています。退学率は約2％と報告されています。

この数字は正確ではありません。ここでの退学率は全学年を対象とした在籍数に占める中途退学数の割合を示したものです。実数ではありません。

入学した生徒のうち3年後何名卒業できなかったかを数字で示したのが真の退学率です。都の調査によると全日制で5・5％、定時制では38・9％にも達しています。ある全日制の高校では37・7％にも達しています（「都立高校白書」２０１1年）。

高校の授業料無償化により、後期中等教育がほぼ義務教育化したのです。学びに対する意欲に乏しい生徒も入学してきたのです。だから、3年間あるいは定時制の4年間にドロップアウトする生徒数は授業料無償化前とそう変化していないのです。

この授業料無償化の為に４０００億円弱の予算をかけています。われわれの血税を有効に活用すべく国民はしっかり事実を把握していく必要があるのです。

民主党政権のキャッチフレーズは「コンクリートから人へ」でした。当時の鳩山首相は公共事業、国土のインフラにお金をかけるのは止め、これからは人間の生活に重点を置く、つまり育児、年金、医療費などに予算を注入していくと宣言したのでした。

自民党政権が復権しました。安倍首相は大幅な財政融資を実施し、公共事業を始め人間の生活部分にも予算を配布しました。安倍首相の政策は日銀を巻き込んだもので、経済は忠実に反応し、円安を招き、株は高騰しています。

しかし、構造改革による賃金の低下が家庭や地域社会を痛めつけ、公教育が私事化していきます。東京に一極集中し、東京を見ている限り日本の未来は安定しているように映ります。地方は経済のみならず、大都市との教育格差がさらに進行するでしょう。知識水準の低い階層が膨らむと、深刻な社会格差を引き起こし、社会問題を誘発します。

伝統的教育論が成り立たなくなりました。伝統的教育論とは社会統合のための教育を主眼としていました。一言で言うと、教育格差をなくし、教育に関しては国全体で面倒をみるというものです。社会統合のための教育は破綻してしまいました。このままでは、社会格差がますます広がっていきます。後期中等教育のレベルアップを図ることが喫緊の課題です。

アメリカの『No Child Left Behind（一人も落ちこぼさない教育）』政策はよく知られています。

２００1年、当時のジョージ・ブッシュ大統領によって議会に提案され承認を得ました。全米規模で実施されています。３学年から12学年までの全米児童・生徒約３００万人（２０１３年）が全米共通テストを受けます。合格基準に達しない生徒は留年します。成績が悪い学校は閉校あるいは統合または段階的に廃校になります。いつまでも成績が向上しない学校の教員は職を失うこともあります。

シカゴだけで１０４校（２０１３年）がその対象校でした。移民の子弟、あるいは黒人等の子弟は成績が振るわず、定期試験の日に極端なストレスで心の病に陥ることが報道されています（*TIME*, February 11, 2013）。

東京都は国にさきがけ、『都立高校学力スタンダード』を２０１３年4月から試行的に実施しています。３段階くらいの学力レベルにわけ、高校を卒業するためのミニマム・エッセンシャルズ（最低必要知識）を習得させるのです。学力スタンダードを提示することで、その学校のミニマム・エッセンシャルズが確認できます。自分の属する学校に必要とされる知識が提示されることで、各教科が歩調を合わせ授業を進めることができます。

東京都教育委員では、２０１６年度から「校内寺子屋」制度を導入しています。基礎学力の定着が十分でない生徒に対し予算を投じ外部人材など活用し手厚い指導を徹底します。

国は後期中等教育の学力維持に関しまだ具体的な方策は打ち出してはいません。高校がほぼ義務教育化した日本では、東京都が実施するような「学力スタンダード」や「校内寺子屋」制度で後期中等教育の下支えをする必要があるでしょう。

文化を造る

皆さんは「文化」という語からどのようなことを連想しますか。cultureという語が明治維新に日本に入り、先達はこの言葉を適当な日本語に置き換えるのに苦労したと思います。

今は耳にすることが少なくなりましたが、「文化鍋」「文化住宅」という言葉がありました。「文化」という語を付けることで、すこし洒落た西洋的な響きがしました。

ここで文化という語の定義をしておきましょう。西部邁氏は次のように説明します。「文化と言う日本語も年から年中、到る所で使われているにもかかわらず、その本来の意味がしっかりととらえられていません。それは『文徳による教化』という意味です。文徳とは『文つまり〝綾なすもの〟における美の強さ』ということでしょうから、それも広い情報があって初めて可能になります。要するに『広い情報のよき組み合わせ』がknowledge（知識）であり、知識を伝えるのが教養だ、と考えてよいのです」（『教育　不可能なれども』146頁）

教師は言葉を介して教育します。**言葉は文化**です。教師は文化を造る職業なのです。

次に言葉と文化についてお話ししたいと思います。

皆さんは最近の日本語の乱れについて気になりませんか。いじめを始め、日本中を震撼させる社会問題の根源に日本語軽視があるのです。

日本は『言霊の幸《さき》わう国』と言われました。日本語は外国の言葉には置き換えることができず、無理やり翻訳すると、言霊である日本語の魂が消えてしまうと古代では信じられていたのです。

今日の日本ほど日本語つまり母国語の学習がおろそかにされている国はありません。携帯、ＩＴ機器の普及により日本人の生活様式が一変しました。便利さの代償として失うものは大きいのです。

若者たちのコミュニケーション能力は高まったと言う評論家もいます。たしかにフェイスブック、ラインなどメールを介したコミュニケーションの場面は増えました。その反面、直接相手の表情を見ながら会話を交わす習慣が少なくなり、相互理解能力は減少しています。

自死に追いこまれた生徒は「死ね」という言葉を浴び、生きる意欲をなくしてしまいました。「死ね」という言葉はどんな刃物より危険な凶器です。学校現場では系統的な言葉の教育がおろそかにされてきました。現在は言葉が凶器化しているのです。

21世紀はことばの世紀であると言われます。ここで、私はあえてひらがなで『ことば』と表記します。ひらがなの『ことば』は言語学的な『言葉』と区別し、コミュニケーションの道具としての『ことば』を意味します。

瀬戸内寂聴氏は『ことばで薫習《くんじゅう》する』と言いました。心の教育はことばの薫習であると言っています。この薫習という言葉はあまり目にすることがないのではと思います。この言葉は仏教用語です。仏教用語で『丁度強い香りが衣服などに残存するように、経験した事柄が心あるいは肉体に残存すること』と定義されます。

一昔前、ひどい言葉遣いをすると、家庭や社会で矯正されたものです。「ライン」「メール」など通信機器を介しての言葉には電話と違い、息遣いなど伝わりません。直接的な言葉のやり取りの中、想像力が欠け、心がいとも簡単に傷つくのです。

学校現場で正しい日本語、美しい日本語の教育を推進すべきです。正しい日本語、美しい日本語が指導できる教員は少ないのが現状です。正しい日本語の運用能力を教員採用試験の科目に加えたらいいと思います。

エミール・シオランは国語について次のように言います。

「私たちは、ある国に住むのではない。ある国語に住むのだ。祖国とは国語だ。それ以外の何者でもない」

『国語』と『日本語』の定義が明確ではありません。この二つの言葉を感覚だけで使っているところがあります。

文部科学省は2002（平成14）年2月、文化審議会で「これからの時代に求められる国語力について」を諮問しています。文化審議会は2004（平成16）年2月まで、2年間かけ『国語力』の向上について審議しています。この時、正式に『国語』という言葉が使われています。

『国語』は国の言葉、国家の公用語あるいは日本国民の母国語といった広義の使われ方をしています。

国語力とは日本語の能力、日本語の運用能力のことと定義しています。『日本語』は教育現場での国語のことです。

一つの言葉が失われるということは、その国の文化が消滅することであり、その国が衰亡することです。学校現場で児童・生徒たちを美しい日本語で薫習し、心の教育を進め、日本の文化を継承していく必要があります。

第4章　学　ぶ

学びの喜び

皆さんは学ぶことが好きですか。学ぶことが好きな人は教員としての資質を備えた人だと言えましょう。先生の学ぶ姿をみて、児童・生徒も学びます。

「人間の内では、物を学ぶ快楽で魂が喜ぶ、この快楽が心の内に支配している生き方が理想である」（ソクラテス）

週末や長期休暇の過ごし方でその人の人生が大きく変わります。たまには遊びに行きリフレッシュすることも必要となるでしょう。しかし、まとまった時間ができたら学びの時間にあててください。

私は午前中の頭がすっきりしている時間は哲学書など自分の専門外の書を紐解きます。または、執筆の時間にあてます。午後のひと時は洋書を取り出し専門知識を磨きます。無為に週末をやり過ごした後は自己嫌悪に陥るものです。

「学ぶ者は、《ふるさとに別れを告げる人》であり、《流浪の民》として、《孤独な旅を続ける

者》でなければならない。」（フーゴー・グローティウス）

個室にこもることを厭わない人は学びの習慣が身に付いた人です。フーゴー・グローティウスの言う孤独の意味は集団を離れ一人思想の旅を進める人です。

故郷は甘美な世界です。両親が住む、自分が生まれた故郷に戻りたい気持ちがふとよぎることがあります。あえて、故郷を去り、母なる大地を捨て、父なる大地を求めて旅立つのです。「父なる大地」とは安部公房の造語です。彼は母なる大地は、自分の生まれ故郷など、子どもの頃から守られ育てられたゲマインシャフトを指すと言っています。一方、父なる大地は荒涼たる、未知の世界で、これから切り拓いていく世界のことです。

安部公房は『けものたちは故郷をめざす』という小説の中で〈父なる大地への旅〉について触れています。

学びの道は決して平坦ではありません。しかし、甘美な母なる大地から抜け出し父なる大地へ向け旅立ってください。

ところで、児童・生徒から「なぜ学校へ行く必要があるんですか」と訊かれたら皆さんはなんと答えますか。義務教育だからと答えるのは過ちです。この場合の〈義務〉とは**親権者は子弟を学校へ送る〈義務〉**があるということです。

T・S・エリオットは彼の著作『教育の目的とは何か』の中で、学校へ行く目的として、C・E・M・ジョードの論を引いて次のように述べています。

「少年或いは、少女が生計を立てられるようにするため。民主主義国家に於ける良き市民としての役割を果たせるようにするため。性来の能力や才能の全てを発達させることによって、良い人生を享受させるため」

アメリカは民主主義の発達した国家です。トランプ政権になり、その民主主義がやや軽視されてきました。**教育の目的は民主主義をささえる良き国家を創ること**と言えます。学校へ行く目的は、日本ではどのように考えられているのでしょう。

山崎正和氏は『文明としての教育』の中で学校へ行く理由として次の3点を挙げています。

- 世界はあまりに広い。すべて経験することは無理である。
- 何か行動する目的を持たねばならない。行動するためには失敗はゆるされない。「練習」が必要である。
- 行動するには「型」が必要となる。

映画監督の山田洋次氏は学校が必要な理由として、『「学校」が教えてくれたこと』という著書の中で、ある暴力団に属していた少年が定時制高校へ在籍し、居場所を見つけ、人生を切り拓いていくエピソードを紹介しています。その少年が言います。

「暴力団におるとな。世界はまったく狭いのや。付き合う人間はヤクザもんに限られるからな。

その中でおれの人間がどんどん駄目になっていくのがわかるんや。しかしな、世の中にはいろんな人間がおる。なかには大学でうんと勉強をしたインテリもおる。このままだと、俺はそういう人たちと一生涯交じることなく、このどうしようもない暴力団の世界にずぶずぶに浸っていくだけや」

この言葉をうけ、彼の通う定時制高校の校長が言います。

「学校に行く、学校で勉強するという本当の意味は、まさに、そういうことではありませんか。学校に通って**人間として高まり**たい。深い教養を身に付け、自分の精神、**生を高めたい**。それこそが学校へ行く目的であるべきです」

この先生の言葉は学校へ行く目的の全てを言い尽くしています。

ベテランから学ぶ

教職の世界には学びの場が沢山あります。教員は生徒から学び、先輩教員あるいは同僚教員から学びます。常に、謙虚に学びの姿勢でいる教員は成長します。

その反面、教員になったとたん、威張り散らしている人は、生徒・保護者からの信頼も得られず、学校という場で疎外感を味わうでしょう。

学校によっては他の教員に授業を開くことを忌避する教員集団もあります。そういう風土が蔓延している学校は教科としての組織力がつきません。

　では、これから伸びる学校とはどんな学校でしょう。

- 常に自分自身を開き、いつでも授業観察を受け入れる教員集団で構成されている。
- 教員集団の中にコーディネーターがいる。コーディネーターとは指導教諭、主幹、教科主任などである。
- 多様化している。色々なタイプの教員集団がいて、色々なタイプの生徒を包み込んでいる。しかし、教科での活動は組織的に取り組まれている。

　開かれた学校に勤務することができた人は幸運です。

　開かれた学校はお互いに授業を開いている学校です。つまり研究授業が盛んな学校です。この研究授業（lesson study）に関して日本は他国より先進的な取り組みをしていることで定評があります。研究授業を進める上での注意事項をお話ししましょう。

　研究授業を実施することになり、単元指導計画あるいは授業計画案が完成したら次の項目にチェックを入れてみてください。次の項目の全てにチェックが入りますか。

教育目標が明確か

□　何を教えるか。

□　児童・生徒のいかなる能力を育成するのか。

□　児童・生徒にどのように働きかけをするのか。

□　児童・生徒にどのような学力をつけさせようとしているか。

教材、教具は工夫されているか

□　配布プリントは工夫されているか。

学習行為は工夫されているか

□　学習形態（グループ学習、発表、個別学習）は合っているか。

□　発話は工夫されているか。どんな発話に生徒は目を輝かせるか。

□　生徒をほめる場面が多いか。どういう場面で生徒をほめているか。

□　机間指導（巡視）をして生徒の様子を観察しているか。

全ての授業を終えた後に、教育評価をしてみてください。

教育評価

□　授業にメリハリがあるか。大切なポイントをおさえた授業か。
□　生徒の意欲関心をひきつける工夫はされているか。
□　生徒の学力の実態を把握しているか。
□　生徒に声かけをしているか。
□　生徒の状況をしっかり把握しているか。
□　授業の進度は生徒の実態から適度か。

研究授業を終えたら、参加した先生から意見をもらいます。同僚教員の声も大変参考になります。可能なら、放課後あるいは授業の合間に教室に行き直接生徒の声に耳を傾けてください。生徒は教室外の清掃活動や部活動の時、率直な意見を返してきます。

学びの変質

最近、マスコミなどで「予備校化する学校」という見出しが目につきます。後期中等教育現場で、特に進学校は予備校化していると非難されているのです。

ここで、本質的な「学び」とはどのようなものか明らかにしておきたいと思います。

教育の歴史は人類の歴史とともに進化してきました。人間は学びのなかで進化し、発展し、知を伝承してきました。文字が発見される前の、学びの形態は口承によるものでした。紙などの記録媒体がないので暗記による口承がすべての手段でした。

学びの原点は「暗記」だったのです。

「学び」と似た言葉に「勉強」があります。ここで二つの語を定義しておきましょう。

「勉強」は一人図書館なり、勉強部屋にこもり学習している姿を想像します。「勉強」は対話の中で答えを見つけ出す学習スタイルではなく、自分自身と向かい合いながら知を積み重ねていく作業です。

一方、「学び」は、モノや人や事柄との出会いの中、**対話を通じて知を高めていく営み**です。自分自身で問題を提起し、自分自身との対話も学びの範疇に入ります。

前者を「閉じた学習」、後者を「開かれた学習」と呼びます。

予備校化する学校といわれた場合、それは「勉強」ばかりが教育活動の柱となっている学校です。そこでは「暗記」が主たる教育活動であり、児童・生徒の目標は上級学校への進学です。

世界中にグローバリズムの嵐が吹き始めた頃、アメリカの経営学者ピーター・ドラッカーは、知識は資金より容易に移動し、万人に知識習得の機会が与えられ、努力すれば社会の上層への移動が可能になることから、高度な競争社会が出現すると言いました。

彼の予測したとおり、世界中の優秀な知は国境を越えていとも簡単に移動しています。アメリカ型大衆教育モデルでもある、知識の市場化が現実となったのです。
東京都の進学校では予備校の講師を招き研修会を常に開いています。受験学力を主眼にした教育は予備校に学ぶところが多いのです。ちなみに、東京大学合格率を誇る進学校ではどのような受験対策を講じているのでしょう。

(岡山県立岡山朝日高校)

正答率40～45％に設定した自校作成実力考査を3年次に4回実施。外部模試の成績とあわせ、進路決定の指針としている。

(富山県立富山中部高校)

手作りテストを年5回実施。生徒の平日の自宅学習平均時間、3時間20分。

(滋賀県立膳所高校)

夏季休業中、2日間、70％の生徒が参加する特別講習を実施。センター試験終了後、二次対策補習の実施。

東京の巣鴨中・高校では論述力をつけさせ、中学校から家庭学習習慣を身に付けさせるため鏡考帳《きょうこうちょう》といって、主要5紙のコラムから教師が選んだ題一つをノートに綺麗に正確に写す課題を課しています。綺麗な文字を書くことと、論理的文章を書く学習効果があります。

これらの学校から東京大学へは毎年2桁の合格を決めています。

知識はこの世をより善く生きていくうえで大切なものです。しかし、知識偏重の生き方は人間を早く老けさせます。善く生きるとは己を磨き、自己を高める生き方です。

善く生きるには、知識より高次な教養を磨く必要があります。教養は知識と違い誰でも容易に手に入れられるものではありません。知識は枝葉とすれば、教養は幹です。

本質的な「学び」とは、**自分で問題を提起**し、書物なり先生の指導を受け、その問題を自力で解く歩みです。より多くの知識があれば問題解決の糸口は見つかりやすくなります。知識を蓄積し、より深く考え、自分の主義・主張を固め、**論理的な**文章あるいは論調で他へ発信することが理想的な学びの姿です。

第5章　守る

不易流行

俳諧に『不易流行』という言葉があります。教育は不易なる部分を尊重し、その基盤の上に新しきものを積み重ねていく営みです。

不易なるものとして、教育制度があります。教育制度とは学習指導要領、教育課程などの総称です。教育制度は不易なるものです。しかし、年とともに少しずつ改訂され今日に至っています。学習指導要領についてお話ししましょう。やや、内容が固くなりますが、教育の要を知る上で重要な内容です。

学習指導要領とは文部科学大臣により公示される教育課程の基準です。小学校、中学校、高等学校の教育課程に関する大綱的な基準です。

学習指導要領は教師にとって自らの教育課程を編成する際の手引きとなります。

戦後、１９４７（昭和22）年、新しい教育制度の出発に向け学習指導要領試案が刊行されました。その後、何度か改訂され今日に至っています。戦後の学習指導要領の改訂の流れをおさえておきましょう。

①1947（昭和22）年　試案、自由研究、民主的な内容

戦後しばらく行われていた学習指導要領は手引きという立場にとどまり、学習指導は各学校の裁量権に任されていました。1953（昭和28）年まで、試案という名称でした。

小学校において、戦前からの修身、地理・歴史が廃止されました。社会科が新設され、家庭科が男女共修となりました。

②1951（昭和26）年　自由研究の廃止

小学校の総授業時数は5780コマ。中学校の総授業時数は30045コマ。自由研究は廃止。中学校の習字は国語科に、国史は社会科に統合されました。

③1956（昭和31）年　特別教育活動の導入

高等学校の学習指導要領のみ改訂されました。特別教育活動の指導時間数が週1時間から3時間に改訂されました。

④1961（昭和36）年　**法的拘束力の付与**

系統性を重視したカリキュラムです。道徳の時間が新設されました。法的拘束力を持つ学習指導要領となりました。生徒の能力・適正・進路等に応じていずれかを履修させるようにするなど、科目数が大幅に増加しました。高等学校の外国語が必修となりました。

⑤1971（昭和46）年　**現代化カリキュラム**

濃密な学習指導要領。高等学校の社会科や理科で旧課程のA・Bの区分は止めました。新たに地理A、地理B等を設置しました。高度経済成長の時代です。

⑥1980（昭和55）年　**ゆとりカリキュラム、詰め込み見直し、人間性豊かな児童・生徒、基礎的・基本的内容**

ゆとりカリキュラムと言われます。教科の学習内容が少し削減されました。各教科などの目標・内容を絞り込み、ゆとりある充実した学校生活を実現しました。

⑦1992（平成4）年　**新学力観の登場**

新学力観の登場です。個性を生かす教育を目指し改訂されました。教科の指導内容を更に削減しました。

⑧2002（平成14）年　総合的な学習の時間の導入

戦後7度目の改訂です。「総合的な学習の時間」が新設されました。自ら考える力などの「生きる力」の育成を実現しました。個に応じた指導を目指しました。ゆとり教育の始まりと言われます。

⑨2011（平成23）年　生きる力の育成

ゆとりでも詰め込みでもなく、知識、道徳、体力のバランスの取れた生きる力の育成を目指しました。30年ぶりに授業時間が増加しました。


学習指導要領にはその時代の教育観が反映します。高度経済成長を契機に優秀な産業人を育成するための能力主義的な教育観が登場しました。教育界に求められた「能力主義」がどのように変遷してきたのか見てみましょう。

最初に「能力主義」の重要性が唱えられたのは1956（昭和31）年頃です。技術革新論が世間で謳歌されていた頃で、それに伴い能力主義の必要性が叫ばれました。

その後、能力主義が少しずつ変容していきます。

80年代になると、経済成長にともない、技術革新が更に進展します。一般市民が「人間疎外感」にさいなまれたのはこの頃です。

この時代の能力主義は「忍耐力」、「合理的職業意識」と同価値とみなされました。人間疎外感にさいなまれながらも与えられた職務に専念し、自分の能力を発揮する忍耐力が求められたのです。

この時代の学習指導要領には国家主義的人間形成が盛り込まれています。皇国史観にたった「歴史」科目、福祉国家論に基づく「公民」が学習指導要領に登場します。知・徳・体のバランスの取れた教育観がこの頃登場します。「期待される人間像」は崩壊の危機にあった国家、社会的秩序の救済のため登場しました。

80年代の特徴として、高度経済成長下にある企業に優秀な人材を供給すべく企業と学校が連携をして教育政策を進めてきました。能力主義クラス編成、習熟度別授業などこの時代に登場しました。

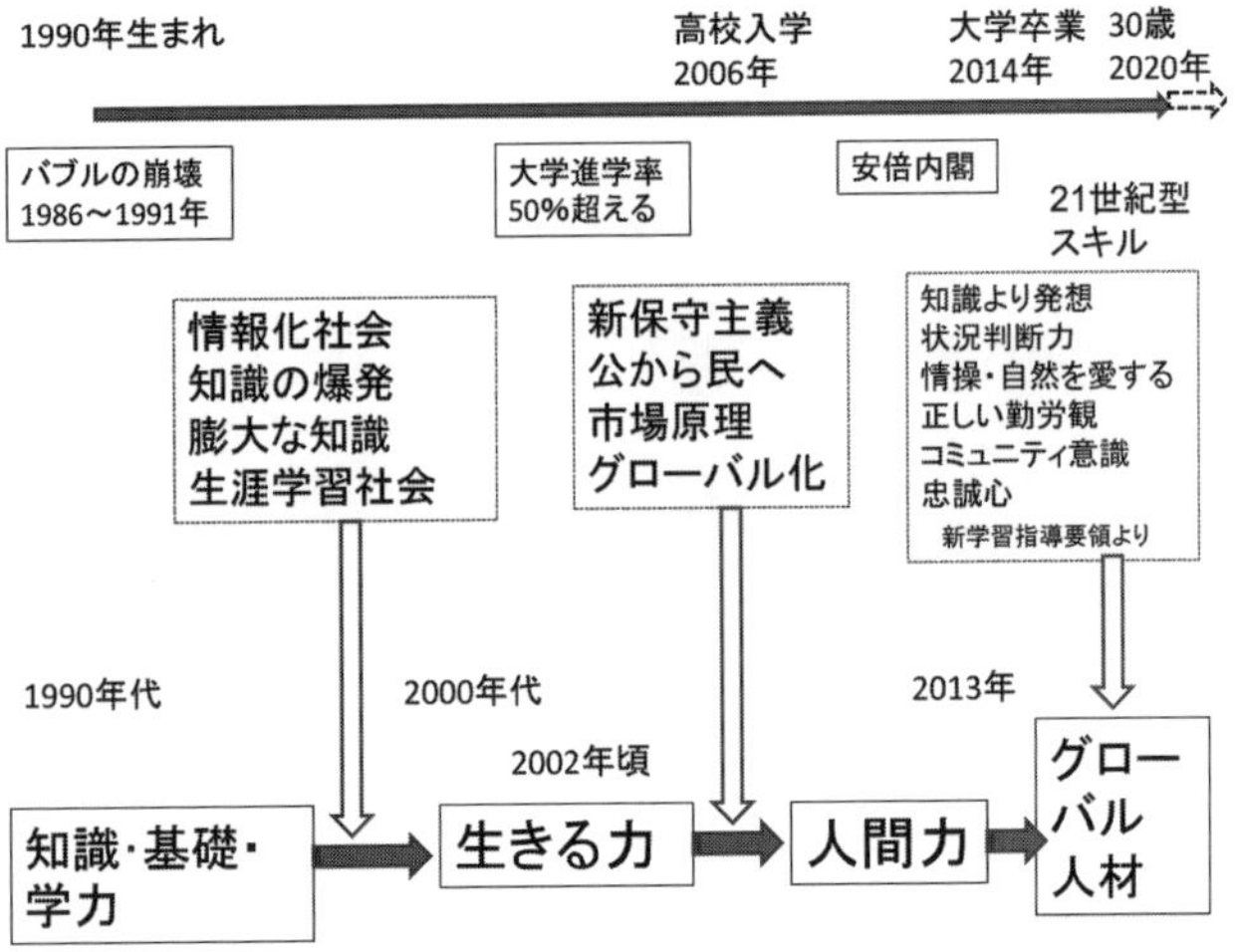

図10　生徒の学力がよく見える

70年代になると、能力主義の転換が見られます。経済同友会から「70年代の社会緊張の問題点とその対策試案」、日本経済調査協議会から「新しい産業社会における人間形成」等の指針が出されました。

バブルがはじけた90年代には「新学力観」が登場します。個性尊重教育が席捲しました。学習内容も削減されていきました。

グローバリズムという言葉が登場するのは90年代です。グローバリズムの嵐の中、教育界では世界で活躍できる人材育成の観点に重点が置かれました。知識より心の教育、自然を愛する気持ち、情操教育、正しい勤労観、忠誠心、所属意識、コミュニティなどが新学習指導要領のなかで新能力主義として強調されていきます。新能力主義の特徴として、知識の詰め込みに対する反省から、発想力、状況対応力が求められました。

ここで日本、韓国、中国などのアジア型教育システムとアメリカ型教育システムの違いについておさえておきましょう。

アジア型教育システムの特徴は、中学・高校時代は明確な課題を持たせ、勉強を強制させるシステムを取っていることです。

アメリカ型教育システムの特徴は、ティーンエイジャーまで自由にさせておき、大学へ入ってから本格的に勉強させることです。

最近、日本の義務教育制度にも変化が見られます。国立教育政策研究所の藤田晃之氏はインプットコントロール型からアウトプットコントロール型へと教育制度が動いたと言っています。

インプットコントロール型教育制度とは、

■教育内容を厳しく規制する（学習指導要領に法的強制力を持たせる）
■教員免許法の改正（正規の教員養成ルートの教員を採用）
■学校設置基準の厳格化
■義務教育費国庫負担制度（都道府県の教職員の人件費の実支出の半分を国が負担〈義務標準法に基づく〉）

少し専門的になりますが「義務標準法」についてここでお話ししておきましょう。「義務標準法」には児童・生徒数及び学級数に応じて教職員定数が決まることが明記されています。この数をもとに各都道府県が支払う教職員の人件費の実支出の半分を国が負担します（制定時）。

次にアウトプットコントロール型教育制度について言及しましょう。

■学校設置基準の柔軟化
■構造改革特区を設置する

■義務教育費国庫負担制度の改訂（都道府県の実支出の3分の1を国が負担。2006年より実施）

都道府県の実支出の3分の1を国の負担にすることで、教員の給与に差が生じます。地域格差が懸念されています。実際、義務教育費にかかる人的費用は高知県と埼玉県で1・8倍の差が生じています。

最近の教育界における大きな変化について触れておきましょう。戦後の教育民主化の理念として、国は地方の教育内容に干渉しない、分権概念が確立していました。教育内容は地方自治体の教育委員会に任されました。教育委員会は校長に権限を託していました。

2006年、60年ぶりに教育基本法が大きく変えられました。

改訂された教育基本法の第17条を見てみましょう。

「政府は、教育の振興に関する施策の総合的かつ計画的な推進を図るため、教育の振興に関する施策についての基本的な方針及び講ずべき施策その他必要な事項について、基本的な計画を定め、これを国会に報告するとともに、公表しなければならない。」

この年、「教育立国日本」を全世界に標榜し、わが国の未来を切り拓く教育振興に関し日本政府全体で取り組んでいく意志を示したのです。

教育委員会制度に関して少し動きがあります。大阪市の橋下前市長は現行の教育委員会制度に対し不満の意を表しています。次に教育委員会制度についてお話ししましょう。

教育委員会の役割

皆さんがよく耳にする教育委員会とはどんな組織でしょう。どんな仕事をしているのでしょう。そもそも教育委員会制度とはいつ、どのような経緯で設立されたのでしょう。現職の教員にも意外と教育委員会制度について知られていません。

1948（昭和23）年、戦後に日本の民主化を推し進めたGHQ（連合国軍総司令部）の教育制度改革の一環として、地方分権、地方自治を推し進めるために教育委員会制度が設置されました。

教育委員会とはどのような組織でしょうか。

教育委員会は都道府県や市区町村に置かれています。文部科学省によれば、2011年5月現在、全国で約1800の教育委員会が設置されています。

原則5名の規模によって構成されています。自治体の規模により、3〜4名のところもあります。教育委員長、教育長、それに委員によって構成されています。月に1〜2回定例会が開催されます。教育長以外は非常勤です。

教育委員会は校長会に対し絶対の権限を持っています。校長の学校経営計画に対し意義を唱えることも可能です。

２０１５年4月1日、文部科学省は「地方教育行政の組織及び運営に関する法律の一部を改正する法律」を施行しました。これにより、旧来の教育委員長と教育長が一本化し新「教育長」が誕生することになりました。

なぜ、今回のような改正に至ったのでしょう。改正前の教育委員会は知事・市区町村長（首長）の意見は届きません。独立した行政機関です。以前は首長には予算などの限られた権限しか与えられていませんでした。首長の統治、制度下に教育委員会を置きたいと橋下前市長なり政府関係者は考えていたのです。

教育委員会制度の意義について文部科学省は次のように述べています。

①政治的中立性の確保
個人の精神的な価値の形成を目指して行われる教育においては、その内容は、中立公正であることは極めて重要である。このため、教育行政の執行に当たっても、個人的な価値判断や特定の党派的影響力から中立性を確保することが必要である。
②継続性、安定性の確保
教育は、子どもの健全な成長発達のため、学習期間を通じて一貫した方針の下、安定的に行われることが必要である。また、教育は、結果が出るまで時間がかかり、その結果も把握

しにくい特性から、学校運営の方針変更などの改革・改善は漸進的なものであることが必要である。

③地域住民の意向の反映

教育は、地域住民にとって身近で関心の高い行政分野であり、専門家のみが担うのではなく、広く地域住民の意向を踏まえて行われることが必要である。

教育委員会はいわばお目付け役みたいな存在です。首長の意向が簡単に届かない位置にあることで、中立性、継続性などが維持されているのです。首長が変わるたびに、教育施策がころころ変わるようだと、教育現場も混乱してしまいます。

自民党政権になり教育委員会制度の変更に向け動き出しました。教育長を首長の直属のラインに置き、教育委員会のまとめ役にしようとしています。現在ではいくつかの自治体で新教育長が配置されました。その結果、新教育長は首長の直属のラインに属することになりました。

「履修主義」と「修得主義」

皆さんは2006（平成18）年、世間を騒がせた必履修科目の「世界史」未履修問題をご存知ですか。「世界史」は大学入試に必要がないということで、履修しなければいけないのに未履修の学校が多数露見したのです。

文部科学省は教育現場に市場原理を導入し、学校間の競争をあおりました。競争に負けた学校は閉校やむなし、など公言されていました。

いったん、未履修問題が浮上すると、学習指導要領が実行されていないということで、処罰を全面的に出してきたのです。公教育を担う者、法的拘束力を持つ学習指導要領を逸脱することはゆるされません。

つい最近では必履修科目「情報」も履修されていない学校が発覚しました。東京農工大学が５大学１２６６名の学生にアンケート調査をしたところ、高校３年間で２単位の履修が義務付けられているが、１単位しか履修していないと答えた学生が約半数もいたそうです（『読売新聞』朝刊　２０１２年12月12日）。

ここで「履修」と「修得」について皆さんはどれだけ理解していますか。

「履修」「修得」を語る時、学習指導要領と切り離しては語れません。学習指導要領によると、「卒業までに各教科・科目の単位数並びに総合的な学習の時間を単位数に含め74単位以上履修すること」

と書かれています。「以上」という箇所に注目してください。いわゆる進学校では90単位以上の必履修を課している学校もあります。

学習指導要領にはコアとなる教科は必履修科目として明記されています。これらの科目は普通科、専門学科問わず高校時代に必ず履修する義務があるのです。高校では英語・国語・数学はコアの科目として必ず履修することと明記されています。

ところで、小中学校と高校では「履修」「修得」に関し少し扱いが違います。

分かりやすく言えば、小中学校は「履修」に重きを置いていて、高校は「修得」に重点を置いていると言っても過言ではありません。

近年、中央教育審議会の初等中等教育分科会高等学校教育部会の報告書を読むと「修得主義」「履修主義」という言葉が飛びかっています。

彼らの定義は明確ではありませんが、ある一定の出席日数を満たせば履修されたとみなす考え方を「履修主義」と呼んでいるようです。

一方、出席が足りており、さらに及第点に達した評価が得られた場合修得されたとみなされる考え方を「修得主義」と呼んでいるようです。

この「履修主義」「修得主義」という言葉は続有恒氏の『教育評価』（１９６９年　第一法規出版）に初めて登場します。

続氏によると、高校は「その成果が教科・科目の目標から見て、満足できると認められる場合にのみ、単位修得が認定される」、この評価タイプを修得主義と呼ぶと言っています。

高校は原則的に「**修得主義**」です。

現行の学習指導要領の評価は小中学校では「教育課程を履修するだけで、進級・卒業が認められる」、つまり小中学校は「**履修主義**」と呼べると思います。

不登校が社会問題となっていた頃の話です。当時の文部省は解決策として、たとえ一日たりとも登校していない生徒にも卒業証書を出すようにとの通達を出しました。これは履修主義の超法規的解釈です。

一日も出席しない生徒に中学校の卒業証書を出すということは、見方を変えれば大変失礼な話です。その生徒にはもうその学校にいなくてよい、いてほしくないと受け取られかねません。

現在では不登校の生徒はフリースクールなど、各種の学校が認可されており、自分の居場所が得られる教育機関で学校生活を続けてゆくことができます。義務教育の小学校、中学校では履修主義を貫くべきです。

教育課程とカリキュラム

教育課程とカリキュラムについてお話ししましょう。

「え？　教育課程とカリキュラムって同じじゃないの？」

そんな声が聞こえてきそうです。

カリキュラムとは学習経験の全てを含む総称です。カリキュラムの語源から見ていきましょう。

古代ローマの競技のトラック（走路）を語源としています。「クレレ（currere）『走る』」という意味のラテン語が語源だと言われています。

一方、教育課程という語もカリキュラムと同義語のように扱われています。どのように区別されて使われているのでしょう。

教育課程とは行政用語で年間指導計画書などを表します。カリキュラムという言葉は教育現場から姿を消しました。いったい、いつ姿を消したのでしょう。

学習指導要領が法制化されたのはいつでしたか？

学習指導要領には１９６１（昭和36）年以降、法的拘束力が付与されました。１９６１年以降この「カリキュラム」という語は死語となってしまったのです。教育現場から姿を消しました。

最近、「教育を変える」「学校を変える」という視点にたって物事を考える時「カリキュラム（仮称）」が使われ始めました。

カリキュラムを変えるには教員の授業を検証し自由な発想から変えていくことが大切です。

グローバリズムが進行する今日、一部の私立高校ではイマージョン（英語など外国語だけの授業運営）を実施している所があります。そうした学校はクリティカル・シンキングを教育理念に据え、ディベートやプレゼンテーションなどに力を入れています。

ＩＢ（国際バカロレア）認定校を目指して英語学習に特化したカリキュラムを編成している

学校もあります。

文部科学省は国際バカロレアの主旨を踏まえたカリキュラムに関する調査研究に着手しました。事業内容を見ると、学習指導要領の基準によらない教育内容の研究開発と謳っています。文部科学省みずから、学習指導要領にとらわれないカリキュラム開発に着手しました。発出文書にカリキュラムという言葉が頻繁に登場しています。

各学校独自のカリキュラムを設定し、授業を運営します。そのカリキュラムが実効性があるものかは学期の終わりに必ず評価します。カリキュラム評価の視点は大所高所から見る「**鳥の目**」と地に足をつけ現状を把握する「**蟻の目**」の両視点が大切です。

２種類のカリキュラムがあります。「**顕在的カリキュラム**」と「**潜在的カリキュラム**」です。顕在的カリキュラムとは教育課程のことです。教育課程は主に目に見える教育活動のことを指します。

潜在的カリキュラムとは「表」のカリキュラムに対して「隠れたカリキュラム」のことです。「**隠れたカリキュラム**」について少しお話ししましょう。

学校が暗黙のうちに教え込む規範や価値は「隠れたカリキュラム」です。教師が暗黙のうちに教える知識、他の生徒との相互作用を通じ学習する内容、その学校の風土、伝統などすべて「隠れたカリキュラム」の範疇に入ります。

あなたが思い浮かぶ、「隠れたカリキュラム」の例を挙げてみてください。

シラバスとは

教員免許を取得した皆さんは教育実習の最終日に研究授業をしたと思います。その時、学習指導案あるいは単元指導計画書を提出しましたか。

学習指導案と単元指導計画書の違いがわからない人がいます。ここで説明しておきましょう。「**学習指導計画書**（案）」は1時間（通常50分）の授業の運営計画書のことです。「**単元指導計画書**」とは、複数時間にわたって授業を組み立てる計画書のことをいいます。「単元」とは、学習内容の一つのまとまりを指しています。

まずは単元指導計画書を作りましょう。それが完成したら学習指導計画書（案）を作成してください。単元指導計画書には次の項目を必ず網羅してください。

- 単元名
- 単元の指導目標
- 単元の評価規準
- 指導観
- 単元の指導計画と評価計画（○時間扱い）
- 指導に当たっての工夫等

ところで「**指導観**」とは耳慣れない言葉ですが、少し説明をしておきましょう。

「**指導観**」には「**単元観**」「**生徒観**」「**教材観**」の3点が含まれます。

単元観とはその単元を指導する上でのポイントです。学習指導要領を参考にその授業で扱う単元について書いてください。

生徒観とは自分の担当する生徒像です。「やや落ち着きがない」「英語が好きな子が多い」などが該当します。

教材観とはその授業で使用する補助教材などです。

単元名はその授業で扱う教材名です。その授業で扱う箇所、例えばLesson 2 “Vision Quest” などと書きましょう。

単元の指導目標を設定する上での注意点について触れておきます。

- 教育実習の場合は必ず指導教員のアドバイスを受けましょう。
- 生徒の実態を把握して、あまり飛躍した内容にならないよう留意しましょう。
- その単元を取り上げた目的、単元のポイントを必ず明記するようにして下さい。

学習指導計画書（案）には次の項目を忘れずに入れましょう。

■指導者（教科担当者、教育実習者名）
■対象
■年月日
■単元
■教材名
■単元目標
■単元設定の理由
■本時の学習指導目標

本時の流れは、指導過程を記します。例えば、導入（○分）↓展開（○○分）↓まとめ（○分）のように記入してください。

皆さんは「評価基準」と「評価規準」の違いが分かりますか。混同して使っている教員が多く見受けられます。教員を指導する立場にある指導主事でさえ、混同して使っている人がいます。

規準を「のりじゅん」、**基準**を「もとじゅん」と呼びます

「のり準」とは評価の観点です。評価の切り口や評価のポイントです。

例えば、英検準2級では聴解力の問題形式を「会話の応答文選択」「会話の内容一致選択」

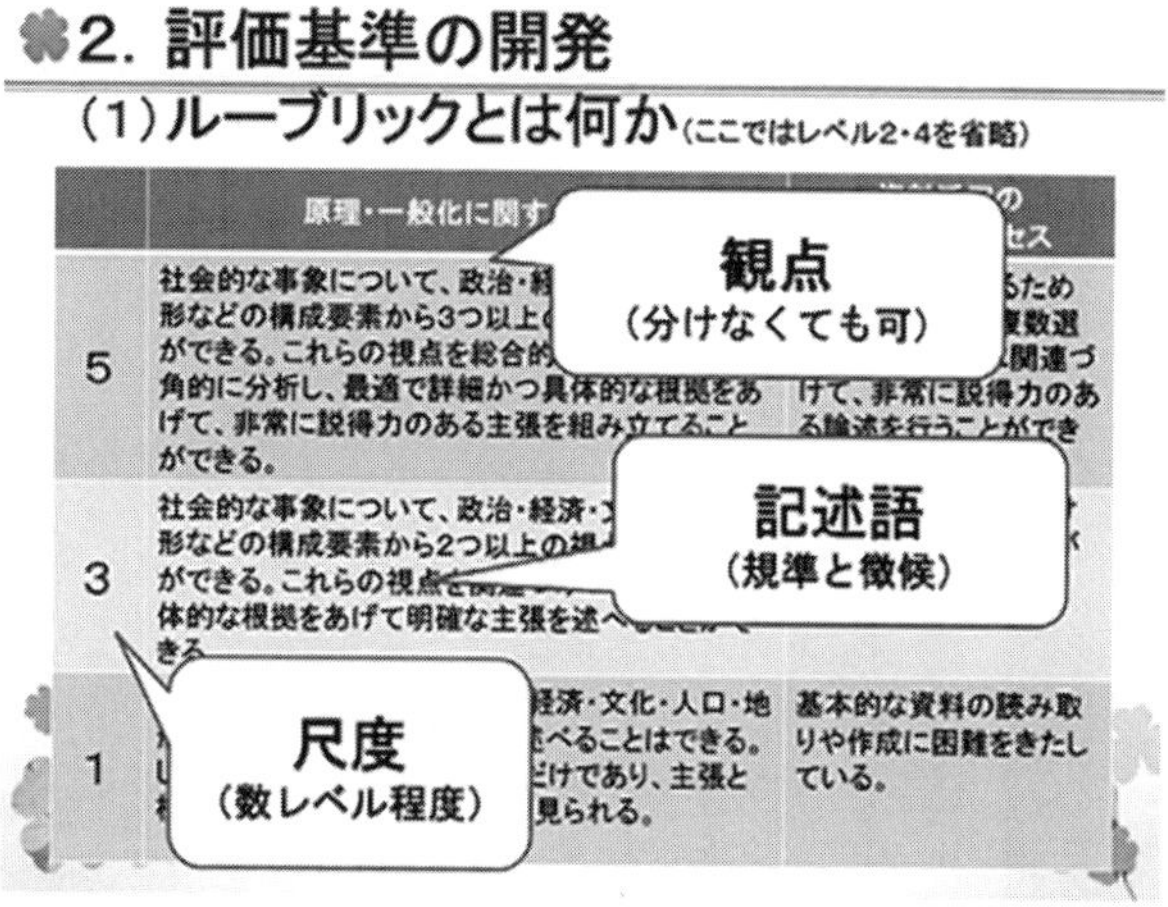

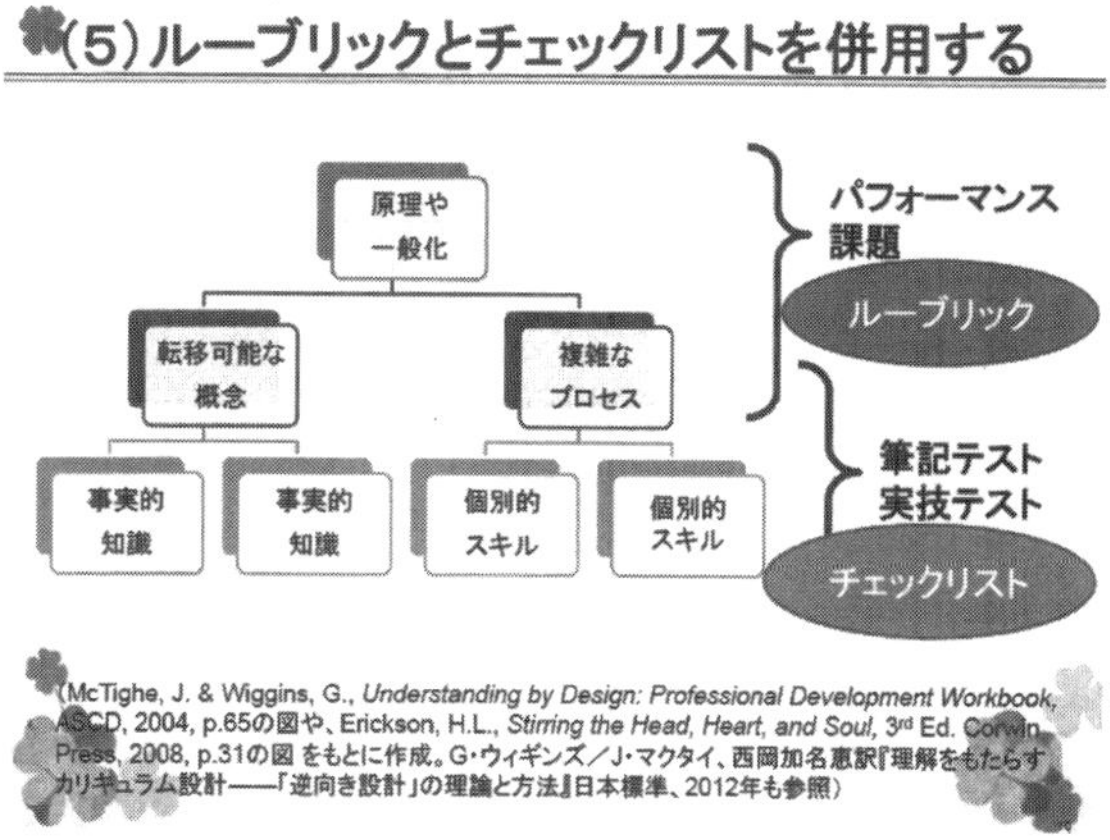

図11

中央教育審議会教育課程企画特別部会（平成27年８月20日配布資料）

という規準に従って作成されています。

「もと準」とは、実力レベルの判定など数値化された基準です。

例えば、A判定は24問以上正解、B判定は18〜23問正解、C判定は12〜17問正解、D判定は7〜11問正解という基準に従って判定されています。

教員採用試験の論文を書く時など「きじゅん」の漢字は正確に書くようにしましょう。

評価をつける上で「評価規準表」を作成する必要があります。評価規準は**ルーブリック**による評価表を参考にすると良いでしょう。

ルーブリックとは評価**規準**と評価**基準**をマトリックス形式で示す評価指標です。4段階程度の基準を設けるのが一般的です。

第6章　変わる

教育は変わること

皆さんは教育者、林竹二氏の『教育は変わること』という言葉を知っていますか。粘土の塊から塑像を作り出すように児童・生徒一人ひとりの人格の形成に尽力するのが教育者の務めです。児童・生徒が**変わることが教育の成果**だといっても過言ではありません。

全国各地で学期末を前にして何百人もの教職員が退職したニュースが世間を騒がせました。退職の理由は退職金のカットです。中には担任の教諭も含まれていたと言われます。

入学と同時に児童・生徒を引き受け、卒業まで育ててあげるのが担任の責務です。退職金が減らされるという理由だけで手塩にかけ育ててきた児童・生徒を見捨てることは教員失格と言われてもしかたありません。

教員に対し社会の厳しい目が注がれています。なぜ教師は社会から厳しい眼差しを受けるのでしょうか。

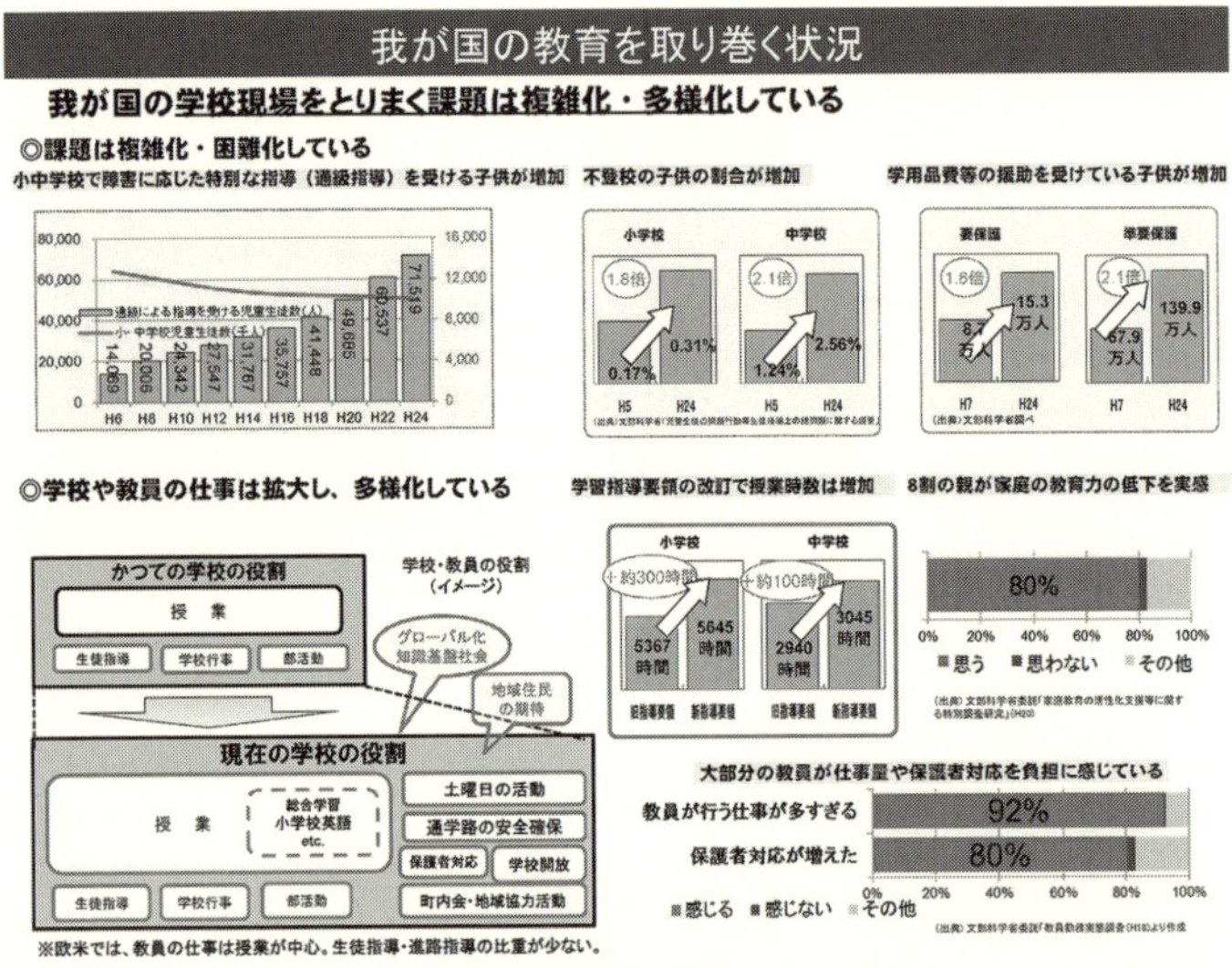

図12　我が国の教育を取り巻く状況

文部科学省委託「教員勤務実態調査（平成18年）」より文部科学省作成（平成27年）

教師に厳しい眼差しが向けられる理由の一つとして教職の特殊性があります。この特殊性を羅列すると、

- 教師は大変責任を伴う仕事である。
- 人は誰でも教師との出会いを通して成長していく。
- 教師のことばは児童・生徒を変える道具になる、また凶器にもなる。
- 社会性が要求される。
- 正確な知識を教える。
- 「教育は人なり」教師の人格的魅力が生徒に影響を与え、生徒が心を開く。生徒が心を開くことで教育への可塑性が生じる。

「恒産なければ恒心なし」です。教師といえども報酬が少なかったら労働意欲は湧いてきません。しかし、お金儲けを考えている人は教員に向いていません。

次に社会情勢面から教員に対して厳しい目が向けられた原因をさぐってみましょう。中退率、離職率、学力低下、学習意欲の低下が社会問題化しています。そのようなことが原因となって教員に厳しい目が向けられるようになってしまったと言えます。これは学校だけの問題ではなく、家庭の教育力にも問題があると言えましょう。

「**みだりに人の師となるなかれ**」という言葉があります。教師になるにはそれなりの心構えが必要です。

私の知っているある教員は暇さえあれば、経済新聞を読んでいました。社会の動静に関し非常に敏感でした。ある日、その理由が分かりました。彼は株をやっていたのです。

教師の後ろ姿はいつも誰かに見られています。この先生の授業は手抜きを感じさせるものでした。教材準備に一日の全てを費やす覚悟が必要です。株などやっている時間はありません。「教育は変わること」と言った場合二つの意味があります。一つは生徒が変わること。こちらは一般的な解釈です。

もう一つは、激しく変わる社会に対応できる人材を育成すること。めまぐるしく変遷する社会に対応できる人材の育成も喫緊の課題です。

新しいタイプのコミュニケーション

大学の授業の中で、「あなたは一日のメール発信、受信回数は何回ですか？」と、質問したところ、ある女子大生が、今は『ライン』の時代ですよと教えてくれました。新聞報道によると『ライン』の利用者は1億人を超えたそうです。

『ライン』ではメールのやり取りはまったくの無料、通話も無料なので、それが爆発的に広がった理由でしょう。
コミュニケーション能力がＩＴ機器によって発達したとする説とその逆の説が混淆しています。肯定的な意見と否定的な意見を並列させてみましょう。

（肯定的な意見）

携帯電話のＳＭＳ（ショートメッセージサービス）の普及により、家庭の絆が深まったという北欧からの研究レポートが報告されています。

ＩＴ機器を使ったコミュニケーションが発達することにより、西洋、東洋の壁を越えた知識の交流が盛んになったと報告する専門家もいます。国境を越えた人と人との対話の拡大、情報交換から「第三の知」と呼ばれます。「第三の知」とはゲマインシャフト、ゲゼルシャフトを超えた「知」の造語です。

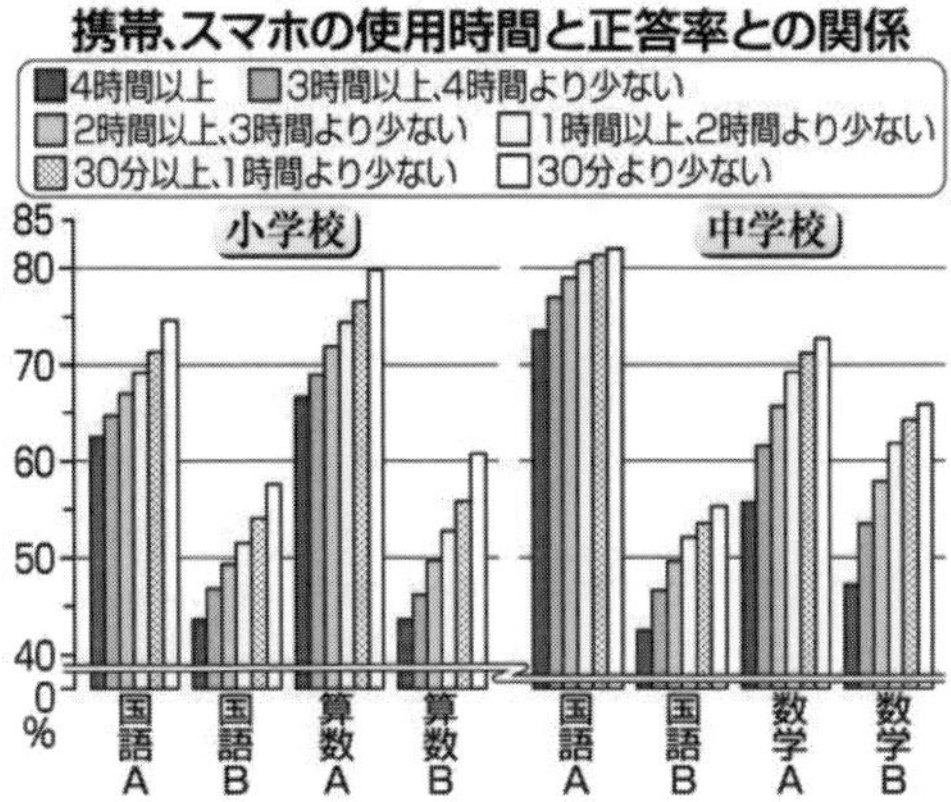

図13　スマホ使用で学力低下？　１時間以上、中３で47％

中央教育審議会教育課程企画特別部会（平成27年８月20日配布資料）

（否定的な意見）

情報が氾濫しています。情報量が教師を上回り、教師の権限が喪失しました。

E-learningが出現し、家にいながら大学の授業を受けることが可能となりました。その結果、大学の壁がなくなります。

デジタル・デバイドが現出します。デジタル・デバイドとはＩＴが利用できるグループとＩＴが利用できないグループとで情報量の差が生じ、生活レベルの差が生じることです。

デジタル・デバイドに関しては全米調査の結果が報告されています。コンピューターを所持する割合は米国各州によって異なっています。

シアトルは64％、サンディエゴは62％、ワシントンは59％、サンフランシスコは66％の人がコンピューターを所持していると報告されています。

コンピューターを所持する男女比の有意差は報告されていません。白人の方が黄色人種よりコンピューター所持率が高いです。

ここでコミュニケーションの語源について触れておきましょう。西洋中世では『神』を媒介にcommunicationがなされると考えられていました。ちなみにexcommunicationは『破門』という意味になります。多神教の日本では一神教の世界になじみがなく、communicationの適訳が見つかりませんでした。

私はcommunicationを「**相互理解能力**」とでも訳したらどうかと思います。

２０１１年、太平洋三陸沖を震源とするマグニチュード９・０の日本観測史上最大の地震と津波が日本を襲いました。

３・11以降、日本の社会で変化が見られました。今、家族の絆の大切さが再度見直されています。震災を契機に家族的なつながりが恋しく思われるようになってきたのです。

人はなんのために生きているのでしょうか。

自分を取り巻く人と人とのつながりを大切にし、世界と親しくなるため生を積み重ねていると思います。その為、ことばを介したコミュニケーションが重視されているのです。

竹内敏晴氏はことばについて次のように話しています。

「ことばとは、声が相手のからだにふれ、脳に沁みこむ、腑におちる、つまり、からだの内に入って、相手のからだとこころを動かす、変える、これが話す、ということ」（『ことばが劈かれるとき』）

ハーバード大学教授の入江昭氏はコミュニケーションの必要性について次のように言います。

「普遍性と独自性という、一見矛盾する二つの要素はコミュニケーションの場において一つになる。例えば、ひとりよがりではなく、心情的でもなく、内的矛盾もない文章で他の人と分かり合う」

教員に求められる資質として文部科学省は次の３点を挙げています。

1　地球的視野にたって考えられる人
2　時代の変化に対応できる人
3　コミュニケーション能力、専門的知識、教職への誇りを持った人

公立学校の教員になるとあらゆるタイプの学校で、あらゆるタイプの児童・生徒と接していくことになります。児童・生徒は社会の変化を敏感に映しています。

普通科教育志向のはて

少し前になりますがベネッセ教育研究所の調査によると、「私はどんな人間なのかわからない」と答えている中高生は36・7%、「自分は人生に失敗している」と答えた割合は25%に達しています（1999年）。

「平成25年度我が国と諸外国の若者の意識に関する調査」より

私は、自分自身に満足している→そう思う			
日本　7.5%	韓国　29.7%	アメリカ46.2%	ドイツ29.1%
自分には長所があると感じている→そう思う			
日本　15.2%	韓国　32.1%	アメリカ57.2%	ドイツ 43.6%
自分の考えをはっきり相手に伝えることができる→そう思う			
日本　9.3%	韓国31.3%	アメリカ40.6%	ドイツ30.5%
あなたは学校生活に満足していますか→満足している			
日本　18.0%	韓国　19.3%	アメリカ40.3%	ドイツ34.8%
国際社会の一員として役割を果たしていくため「国際的視野」（例えば自国と他国の文化、歴史、社会を理解し、互いの生活、習慣、価値観などを尊重し、異なる文化の人びとと生きていくことが出来る態度や能力）を身に付けていると思いますか→身に付けている			
日本　1.4%	韓国　5.2%	アメリカ11.9%	ドイツ13.5%

各国満13歳から満29歳までの男女が調査対象

図14

ベネッセ教育研究所資料（1999年）

今の若者の間に「ニヒリズム」あるいは「シニシズム」が蔓延しています。今の若者は、「どうせ学んでも無駄」「自分には能力がないから無理」と、最初から学ぶことを諦める傾向にあることが研究者から指摘されています。

いつ頃からこのような傾向になったのでしょう。

戦後の教育は「画一平等化」で象徴されるようにベビーブームの世代をかかえ、1教室に50名以上も詰め込み、同一の教材を使い、同一の進度で授業を進めてきました。生徒は先生に教えを請う姿勢が今より強く、教師の権威は今より強く、生徒はひたすら知識の吸収に専念してきたのです。

ベビーブームによる児童・生徒数の増大に対応すべく、日本各地に学校が新設されました。「同一種類の教育」を全国的に展開し、敗戦後急速に日本の教育力をつけていきました。

各地に新設校を作る時、土地の取得が先決になります。その場合そこの住民の声を尊重することになります。

新設校に対する住民の声は「普通科教育志向」でした。新設された普通科から大学・短大など高等教育への進学が期待されました。

実際は普通科からの大学進学率はそれほど伸びず、一部の進学校から難関国公立、私立大学進学が可能な状況になっていきます。

普通高校が増設されるにつれ、職業高校の位置は一元的に序列化され、下位に位置づけられていきます。地方の産業を支える人材を育成する目的で設置された職業高校には、普通高校に行きたくても入れない生徒が入学していきます。

２０１１年の普通科と専門科との比率を示したのが図15です。

職業高校はその後専門高校に名称が変更されます。専門高校とは、農業、工業、商業、水産、家庭、看護、情報、福祉など職業に関する教育を行う学校のことです。

高校への進学率が高まるにつれ専門高校の高校全体に占める比率が大幅に減少していきます。

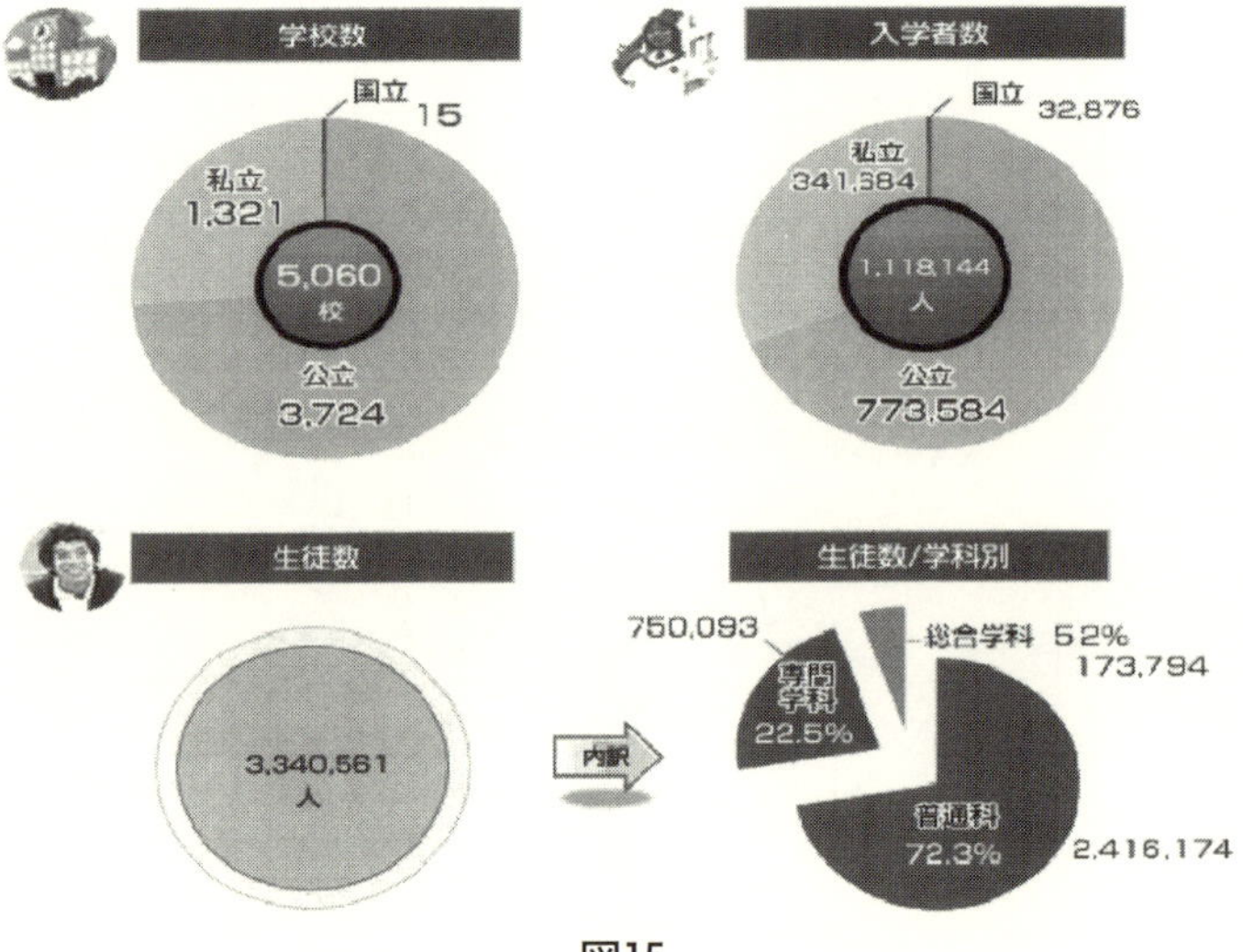

図15

「ナレッジ・ステーション」より引用（http://www.gakkou.net/）

	専門高校（職業高校）への進学率	高校への進学率
1970年	全高校生の約40％	約80％
1980年	全高校生の約20％	約90・4％
2011年	全高校生の約22・5％	約98％

最近では経済状況の影響で専門高校への進学が少し回復しました。片瀬一男氏や苅谷剛彦氏は現代の青少年を「**自己実現アノミー**」の状態にあると言います。

アノミー（anomy, anomie）とは社会的価値観の崩壊のため、自己が混沌状態にあることを言います。教育現場で個性尊重、個性を発揮せよと言われても、「個性」そのものの定義があいまいなため、児童・生徒は混乱しているのです。

自分では個性を発揮しているつもりでも、社会が受け入れない状況が現出します。その結果、自己実現は無理だと即断してしまうのです。

東京大学教授の本田由紀氏は「**ＡＳＵＣ職業**」という言葉をつかって、今の若者たちの職業観を表しています。ＡＳＵＣとは次の単語の頭文字等をとっています。

Ａ：Attractive　（人気が高い）

S：Scarce　（希少）
U：Uncredentialized　（学歴不問）
C：Uncredentialized　（学歴不問）

つまり、モデル、デザイナー、プロスポーツ選手、ミュージシャン、歌手、漫画家、小説家などの職業に人気があるというのです。

キャリア教育の必要性がますます強くなってきました。早い時期からキャリア教育を充実させ、自分のつきたい職業を目標に学びの姿勢を取り戻すことが必要となります。

２０１１年、中央教育審議会はキャリア教育を通じて身に付けさせたい能力について発表しました。その四つの能力とは、

- 人間関係形成能力、社会形成能力
- 情報活用能力
- 将来設計能力
- 意思決定能力

早い段階からキャリア教育を充実させることが大切です。

第7章　備える

生命を守る

教員の使命は児童・生徒の生命を守ることです。児童・生徒が登校してきたら、彼らが家に帰りつくまで、学校の監督指導範疇です。

学校は地域の防災拠点です。2011年3月11日、東日本で日本周辺における観測史上最大の地震と津波が発生しました。東京都では交通機関が停止し帰宅難民が発生しました。その日、都立高校は学校を開放し帰宅難民の方々に場所と軽食を提供しました。

東日本の震災被害にあった地方の学校は家を失った人々の避難場所となり、防災拠点として機能しました。

教師として、まず登校したら教室へ行きましょう。教育施設の瑕疵《かし》がないか点検し、児童・生徒の事故を未然に防ぐ努力をしましょう。児童・生徒の**生命を守る**ことが教師としての第一の務めです。

登校してくる児童・生徒に声をかけ、顔色をうかがい、彼らの健康上の変化を見逃さないようにしましょう。

常日頃から安全教育を徹底していても事故は発生するものです。事故が発生したらあわてることなく、管理職はリーダーシップを発揮し全教職員が一丸となり対応することが大切です。各学校では「事故発生マニュアル」を作成し、全教職員はその内容を熟知しておく必要があります。では、事故発生への対応についてお話ししましょう。

事故発生の通報は警察、あるいは、直接、該当児童・生徒の保護者などから入ります。事故が発生したら、沈着冷静に対処します。注意すべきことは、

■事実を正確に記録する。記録をもとに事故概要書を作成する。事故が学校外の場合、複数の教員を現場へ派遣し、実態確認に努める。事故記録は後に裁判に発展することも考慮し、副校長なり、責任ある立場の者がまとめる。迅速に主任・主幹会議を招集する。
■教育委員会へ第一報を入れる。事故の規模によっては軽いから大丈夫だろうと学校で勝手に判断して、教育委員会への連絡を怠る場合があるが、設置者である教育委員会へは必ず正確な情報を第一にあげること。
■臨時の職員会議を招集し、正確な情報を全教職員で共有する。
■臨時保護者会を開く。窓口は副校長（教頭）など一本化する。「多分〜」「恐らく〜」などの言葉はタブーである。

■マスコミ取材に対応する。

マスコミ取材の対応には心を配る必要があります。国民の知る権利を代理行使しているのがマスコミです。そういう認識に立つ時、マスコミを味方にして誠心誠意説明することが原則です。信頼できる記者には１２０％事実を話せと言われます。次の点に気を配りましょう。

■マスコミを味方にする。共同記者会見は効果的である。
■窓口は一本化する。学校事故の場合、教育委員会が答える形が一般的である。
■質問には責任者が返答する。質問は公平に受ける。情報の提供も公平にする。
■事実のみを述べる。憶測で返答しない。
■発表してほしくない情報に関しては、学校側（教育委員会側）からその旨はっきりと伝える。
■マスコミとのやり取りは記録をとっておく。後日言った、言わないでもめることもある。

今日は開示の時代です。マスコミを避け、閉鎖的な学校運営が成り立つ時代ではなくなりました。

個人情報とは

保護者への対応を誤ると、小さな火種も大きくなってしまいます。保護者との訴訟などのトラブルは避けたいものです。次に保護者への連絡についてお話ししましょう。

保護者会では情報を正確に、迅速に伝えることの大切さについてお話ししました。保護者からの質問を受ける時には情に流され、感情的にならないよう、あくまでも冷静に対応することが大切です。

自分の学校の児童・生徒が共に加害者と被害者の場合は最も気配りが必要となります。加害保護者が学校へかけつけ、自分からあやまりたい、被害者の情報を欲しいと言っても、安易に渡さないことです。

被害者を見舞う場合、家族の状況や心情を斟酌し、場合によってはPTAとの協力のもとお見舞いの時期を見計らうことです。

葬式に参列する場合、やはりPTAと共同歩調をとることが大切です。生徒を参加させてもよいですが、被害者側の保護者の心情を十分に斟酌することです。

ここで個人情報とはどのようなものか確認しておきましょう。次の事項は個人情報です。取り扱いには十分注意しましょう。

■学校等で作成している名簿、氏名、住所等
■電話番号等の連絡先
■生徒の作品、作文等
■生徒のアルバム

これらの情報が外部に漏れることは公務員として守秘義務違反になります。個人情報の扱いに関しては常日頃から十分気を配るようにしましょう。個人情報の漏洩が続くと、教育公務員に対する信用が失墜します。

次に学校における危機管理の種類について確認しておきましょう。

危機と予防措置

地震・風水害などの自然災害や火災も危機の一種です。災害の予防措置として次のような事項があります。

■避難訓練
■防災教育

■防災設備
■学校内の防災組織
■防災備蓄

以上の項目は教育現場で常日頃から念入りに点検を積み重ねておきましょう。次に、生徒が引き起こす事故があります。

２００８年６月18日、杉並区の小学校で課外活動中の小学生が天窓から落下、死亡するという事故が発生しました。

同年４月19日、足立区で都立高校の陸上部男子生徒が投げたハンマーが同校、陸上部の他の男子生徒の頭部にあたり大怪我を負う事故が発生しました。顧問の教員が現場から離れた直後に起きた事故で、顧問教員は書類送検されました。

これらの事故を受け、教育委員会から各校に指導の徹底が図られました。部活動には顧問が立ち会うことの徹底が進み、「安全指導の手引き」が作成され、全校に配布されました。

生徒が引き起こす事故として、暴力事件、万引き、テストの不正行為、対教師暴力、交通事故、いじめ、人間関係のトラブルなどがあります。こうした事故に対する予防措置として、

■生徒指導の徹底

■交通安全教室（警察署との連携）
■心の教育、担任からの指導、ＨＲ運営
■ことばの教育、クラス通信などの発行

が効果的でしょう。

事故を引き起こすのは生徒ばかりではありません。教員が引き起こす事故には次のようなものがあります。

■服務事故、個人情報の漏洩（ＵＳＢによる漏洩、ウィニーによる漏洩）
■体罰
■猥褻行為、交通事故その他非違行為

こうした事故に対する予防措置として、服務の厳正を徹底する必要があります。個人情報の漏洩については、管理職から全教職員に対し、個人情報は絶対持ち出すことのないよう常日頃から話す必要があります。

体罰に関しては学校教育法11条の内容を周知徹底することが大切です。

学校教育第11条には次のように明記されています。「校長及び教員は、教育上必要があると認められるときは、文部科学大臣の定めるところにより、児童、生徒及び学生に懲戒を加えることができる。ただし、体罰を加えることはできない。」

その他の非違行為に関しては常日頃から教員研修を充実させる必要があります。

第8章　包　む

いじめは止められる

大津の中学校で発生したいじめ問題は皆さんの記憶に新しいことと思います。品川区ではいじめが発覚した段階で、加害者を出席停止処分にすると発表しました。こうした指導は付け焼き刃にすぎず、いじめの根源的な解決にはなりません。

２０１３（平成25）年政府は「いじめ防止対策推進法」を出しました。その独自性と特色を紹介しましょう。

回復すべきは「人間関係」よりも「個人の尊厳」ということで、加害児童・生徒との「仲直り」よりも被害児童・生徒を「助ける」ことを優先しています。「被害児童・生徒」の定義として、未確認でも被害者として扱い、加害児童は場合により転校を勧めるとまで標記されています。

日本の学校現場で、いじめ問題が絶えないことは、民主主義国家の敗北です。いじめは基本的人権の侵害であり、いかなる理由があろうとも赦すことはできません。

この法案が成立しましたので、いじめの事実を学校が隠ぺいすると処分対象となります。

いじめは強い人間性を育成する上で必要である、とする教育論もあります。「プロ教師の会」、諏訪哲二氏の『「平等主義」が学校を殺した』の中にいじめを肯定的にとらえる論調が見られます。

いじめを許す土壌が学校にあると、いじめが増殖し、いじめられた本人は絶望し自死に追い込まれます。いじめている本人あるいはグループが問題ですが、それをとりまく児童・生徒あるいは教師集団が、いじめが進行しているのに無視することが一番の問題なのです。

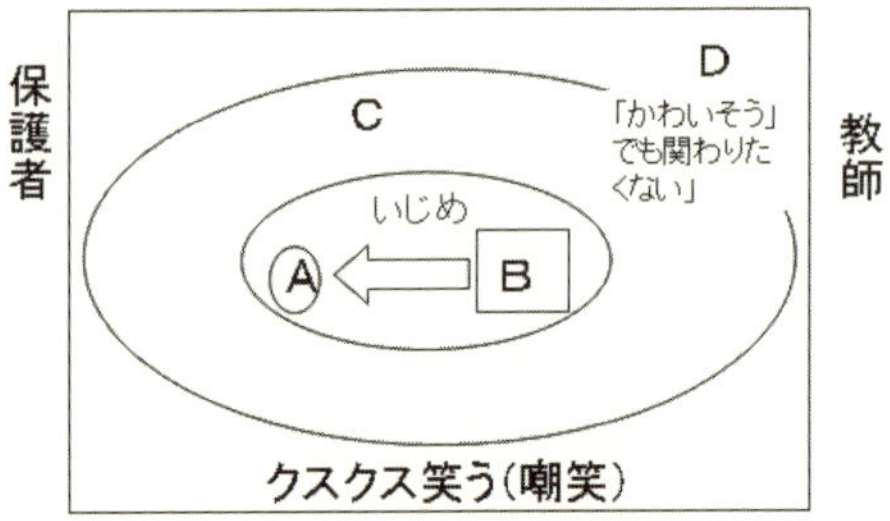

図16　いじめの構造

図16を見てください。この中で一番指導が必要な生徒は誰でしょう。

クラス担任なり、学年主任の先生はBの生徒を呼び指導するのが一般的でしょう。しかしBの生徒を呼んで指導するだけではこのクラスでいじめはなくなりません。

C、Dの生徒を指導することが先決です。クラス全体、あるいは学年全体でいじめを絶対許さない環境を醸成するのです。Bの生徒を指導しても次のいじめの対象者が出てきます。いじめは基本的人権の侵害であり、このクラス、あるいはこの学校でいじめに対し全教職員が一丸となり取り組む姿勢を児童・生徒、保護者に示すのです。

いじめを防ぐには、「早期発見と早期指導」、「温かい信頼関係」が大切です。信頼関係とは生徒と教師の信頼関係、生徒同士の信頼関係、そして、教師同士の信頼関係のことです。

いじめは人間の尊厳を傷つける基本的人権の侵害です。この点を確認しておきましょう。

「先生、いじめじゃないよ、あれは遊びです」

と言う児童・生徒がいます。いじめの定義をしておきましょう。

仲間はずれ、身体への攻撃、いやがることをする（させる）など、一方的に身体的、心理的な攻撃を継続的に加え、相手に深刻な苦痛を与えることはいじめです。

次にいじめ発見のポイントをお教えしましょう。まずは児童・生徒の表面的変化を見逃さないことです。

- 最近、笑顔がなくなった。
- ぼんやりと一人で考えごとをしていることが多い。
- わざとらしく教室などで騒ぎ、次の瞬間、突然ふさぎこむ。
- 学校内で周りの児童・生徒の様子を気にする。
- 怒りっぽくなったりして感情の起伏が激しい。

■いつも学校内で一人ぼっちでいる。保健室前に一人でいる。

このような児童・生徒を見たら、いじめられている可能性があります。服装に変化があったら見逃さないこと。

■原因不明の傷が体にある。理由をただすと答えがあいまい。
■顔色が悪く、活気がなくなる。
■登校時に保健室へ行き体の不調を訴えることが多くなる。
■いつもあくびをし、寝不足気味の表情をしている。
■服装が乱れてくる。無理にボタンをはずしてだらしない恰好をする。
■シャツなどが汚れている。土足の跡がついている。

保護者と協力して持ち物、特に金銭に関し次のような変化を見逃さないようにしましょう。

■靴や上履き、かばんなどの持ち物が隠されたと訴えてくる。
■ノートや教科書に落書きが目立つ。机・椅子にいたずら書きをされる。
■必要以上にお金を持っている。お金を持っていることをみせびらかす。

児童・生徒の言動や行動に注意してください。

■以前と違い、他の子どもから言葉かけがなくなる。孤立している。
■忘れ物が多くなる。登校を渋るようになったと保護者から連絡がある。
■職員室前や、保健室にいることが多くなる。教室へ入ることをためらう。

児童・生徒との友人関係はいじめを敏感に反映します。

■遊びの仲間に入っていけない。仲間に入れてもらえない。
■友達からからかわれている。本人が嫌がる呼ばれ方をしている。
■教室や廊下で仲間たちから笑われたり、冷やかされたり、馬鹿にされたりする。
■グループ活動で一人ぼっちになる。学校行事への参加を渋る。
■廊下などでプロレスの技をかけられている。
■ちょっとしたことですぐ喧嘩になる。いつも苛立っている。
■登下校時に他人のかばんなどを持たされている。

いじめが発覚したら、教師として毅然たる態度で指導しましょう。

■教師も自らの言動に注意すること。教師の言動がいじめを加速することがあります。

■児童・生徒が訴えてきたら、相談室など他の生徒の目が届かない場所で、温かく受け止めましょう。話をよく聞いてやることが一番大切です。その後、いじめているグループを特定します。特定できたらすぐ止めさせること。

■ホームルーム運営、毎日の授業で教師は「いじめは絶対ゆるさない」とする毅然たる態度で臨むことが大切です。

■無関心はいじめを増殖させます。クラス単位、あるいは学年単位で指導すること。学年単位で指導することで、教師間の指導力の差をカバーできます。

■教師はクラス全員一人ひとりがかけがえのない存在であることを、常日頃の教育活動の中で折を見て力説しましょう。

保護者との連携がいじめを早期に解決する手段です。保護者と信頼関係が構築できた教師はベテランと呼ばれるに相応しい教員です。

次に保護者との連携についてお話ししましょう。

■保護者から訴えがあったら、悩みを真剣に受け止めることです。教師との信頼関係がないと保護者は悩みを打ち明けません。

■保護者には事実を正確に伝えること。憶測で話をしない。家庭と学校の連携を密に取っていくことを保護者に約束しましょう。
■管理職は関係機関と連絡をとり、悪質な場合は警察署の協力を得ましょう。

いじめが発生した場合、学校全体の取り組みが大切です。校長のリーダーシップの下、教員一人ひとりがチームプレイでいじめの解決に取り組むことです。スクールカウンセラーの配置を要請するのも効果的です。保護者に対しいじめ相談窓口の情報提供をすることも一つの手です。

保健室に勤める養護教諭からいじめが発覚するケースが非常に多くなっています。次に、養護教諭の役割についてお話ししましょう。

保健室の役割

皆さんも小学校から高校時代までを振り返ると、一度は保健室のお世話になったことがあるでしょう。養護教諭は時に恋の相談に乗り、時に進路の相談に乗ってくれます。学校現場で養護教諭の存在は非常に大きいものがあります。

保健室の役割として次の3点が挙げられます。

■学校保健計画の立案
■児童・生徒の健康診断の準備
■児童・生徒の救急看護活動

生徒のいじめ発見、人間関係のトラブルなど学校内における生徒指導あるいは生活指導のポイントとして養護教諭は次の3点に気を配る必要があります。

■児童・生徒の健康・安全の立場から生徒の問題行動の背景を把握する。
■相談に来た児童・生徒の情報を提供する。守秘義務があるので、管理職、担任など提供する情報に関しては配慮すること。
■児童・生徒との信頼関係を構築する。信頼関係ができていないと児童・生徒は相談に来室しない。保健室が授業時間の合間、あるいは昼食時のたまり場にならないこと。児童・生徒の休憩室にならないこと。

最近では男性の養護教諭も増えてきましたが、特に女性の養護教諭は、同性として女子生徒特有の心理的・生理的動機による生徒指導に力を発揮できます。男子生徒に対しては養護教諭の母性愛的指導によりきめ細やかな心配り、温かい指導をすることができます。

育児経験のある養護教諭は自分の子どもの視点で児童・生徒に接するため、児童・生徒は相談をしやすく、学校現場にとって貴重な存在です。

登校拒否の生徒

登校拒否の生徒がいたらまず原因を探しましょう。

- いじめ？
- 人間関係のトラブル？
- 生来的なもの？

まずは状況把握に努めましょう。保護者から幼児期、小学校時代の体験を聞きましょう。どのような児童・生徒が登校拒否になりがちか考えてみましょう。

- 幼い頃から友達関係が豊富ではない児童・生徒。
- 学校で人間関係に過敏な児童・生徒。
- 他の生徒、教師の前で失敗を極度に嫌う児童・生徒。
- 防衛本能がつよい児童・生徒（家では幼児化しがち）。外では過度な行動をする児童・生徒（家に閉じこもりがち）。

次に登校を促す手段について考えていきましょう。結論から言えば、無理に登校を促すことはあまり得策ではありません。今日ではフリースクールなどが充実しています。本人が学校へ行きたいという徴候が見えたら次のような手段で問いかけていったらよいでしょう。保護者の同意が得られない限り、家庭訪問もあまり勧められません。

- 友達に頼んでみましょう。外部との接触をゆっくりと勧めましょう。
- 保護者の協力を得て、家事手伝いを勧めてみましょう。飼い犬の散歩、洗車など家の手伝いをしてもらいましょう。
- 何らかの手段で学校の様子を伝えましょう。学校通信、担任からのクラス通信を渡すなどの手段があります。学校からの情報に対し本人が興味を示すようになったら登校のチャンスです。
- 保護者には学校の情報を丁寧に伝えましょう。情報を伝えないと、学校が指導を放棄したと判断され、トラブルに発展する可能性があります。その情報が保護者から本人に伝わるようにすると良いでしょう。保護者が不安に陥らないようバックアップすることが大切です。

事例研究：グループで次の事例研究をやってみましょう

事例1　インターネット上におけるいじめ

中学校2年生、女子3人（A子・B子・C子）が、自宅でインターネットの掲示板を使って、同級生のT子の悪口を書き込んだ。それに呼応して、同級生、女子2人（D子・E子）も同様に書き込みを加えた。それらの内容は、「T子はウザイ（うっとうしい）」「T子の顔はキモイ（気持ちが悪い）」「T子はさっさと消えろ」「T子はいい子ぶっている」「みんなでシカト（無視）しよう」などであった。

これらのことは、ある人物から、学校へ、「お宅の学校の生徒さんが、インターネットの掲示板の中で、友だちの実名を出しながら、誹謗・中傷しています。こういういじめが原因で、心が病気になったり、学校に行けなくなったりするかもしれませんよ。ご存知ですか」という電話連絡があって判明した。

事例2　言葉によるいじめ

高校1年生、女子A子は、無口でおとなしい性格であった。いじめが発覚したのは特別な事件が契機となったわけではないが、学年当初から、無口だからといって、みんなから避けられており、学年全体にそういう雰囲気ができ上がっていた。同じクラスの生徒だけでなく同じ学年の生徒から、時々休み時間にからかわれたり、掃除の時間に、彼女と一緒にやることを嫌がられたり、悪口を言われたりした。体育の時間（バレーボール）で、わざとボールをあてられることもあった。

特別支援学校での教育

２０１６（平成28）年、文部科学省の調査によると、特殊教育対象者（盲・聾・養護学校、特殊学校等在籍者）は全幼児・児童・生徒数の約３％でしたが、通常学級に在籍する学習障がい（ＬＤ）、注意欠陥多動性障がい（ＡＤＨＤ）、高機能自閉症等の幼児・児童・生徒が全幼児・児童・生徒数の約６・５％います。これらを合わせると約９％に達します。

このような幼児・児童・生徒の教育に一生を捧げる為には特別支援学校の教員になる必要があります。以前、ある特別支援学校の卒業式に参加したことがあります。本当に命を削る思いで３年間、毎日通学し無事卒業にたどりついた児童・生徒たちの言葉にしばらく涙が止まりませんでした。呼名する教師も言葉につまり、重々しい時間が流れていきました。

特別支援学校の教育理念として次の３点が挙げられます。

■一人ひとりのニーズに応じた指導

■自立と社会参加
■適切な指導及び必要な支援

（全国特別支援学校長会編著『フィリア』15頁）

1997（平成９）年６月18日、法律90号をもって「小学校及び中学校の教諭の普通免許状授与に係る教育職員免許法の特例等に関する法律」が公布されました。それにともない、1998年の入学生から小学校及び中学校教諭の普通免許状の授与を受けようとする者は、障がい者、高齢者等に対する介護、介助、これらの者との交流等の体験が義務づけられています。私の教え子も特別支援学校で教育実習をし、生徒たちの一生懸命な姿に心を打たれ、特別支援学校の教員へ進路を変更していきました。

特別支援学校でこれから教育実習をする人には次の点に注意して臨んでほしいと思います。介護等の体験にあたっては、障がい者や高齢者と触れ合うことで理解を深め、幅広い知識を習得することができます。

①体験について
■体験学習に関しては学校・施設の方針・指示に従う。
■時間厳守。遅くとも30分前に到着する。挨拶は自ら進んで行う。服装に注意する。ピアス・指輪は相手に危害をおよぼすことになるのではずす。つめも切っておく。

- 携帯電話の電源は切っておく。担当部署から無断で離れたり、仕事を無断で放棄しない。

②教職員の先生方との接し方

- 礼儀をわきまえ、自信のないことや分からないことがあったら質問する。
- 指示を受けた仕事は的確にやり遂げ、結果は必ず報告する。

③高齢者、知的障がいのある児童・生徒との接し方

- **人格を持った個人として接する**。個人的に親密になりすぎない。
- 体験時間外の私的な接触はさける。
- 公平にあつかう。児童・生徒のいいところをたくさん見つけるようにする。
- 相手の話はじっくり聞く。言葉遣いに注意する。
- 児童・生徒に金品を与えたり、約束などをしない。
- 全て手を差し出すことが支援ではない。自分でできることは、自分でさせる。基本的人権を尊重する。
- ひそひそ話はしない。

2007年から特別支援学校の制度化により教員免許制度が変更になりました。特別支援学校で勤務するには「特別支援学校教員免許状」の取得が義務付けられました。

２００６年までは、小・中・高等学校の教員免許状の他にそれぞれ、専門に応じ、盲学校教員免許状、聾学校教員免許状、養護学校教員免許状が必要でした。

２００７年４月１日から、特別支援学校教員免許状（専門性10単位）の他に特別支援学校が対象とし得る五つの障がいについての基礎的な知識、理解（専門性16単位）の習得が必要になります。

移行措置として、小・中・高等学校の教員免許状所持者で特別支援学校の採用試験合格者は在職中研修で必要な単位を取ることが可能です。

志が高く、優秀な教員がより多く特別支援学校の教育に携わってゆくことが、日本の国力強化につながるでしょう。

第9章　鍛える

鍛える教育

いろいろな種類の学校があります。皆さんの中には全寮制教育で学んだ人もいるでしょう。**「教育は人なり」**という言葉が人々の口の端から消え久しくなりました。この言葉の意味するところは、教師の人格的魅力が児童・生徒に正の影響を与え、生徒は心を開き、教師に相談に来る。こうした循環を通し、生徒は成長していく有様を言います。

もう廃校になりましたが、東京都の全寮制都立秋川高校というところで私は舎監長（教頭職）を4年やりました。一言で言うと大変ハードな仕事です。24時間、児童・生徒を預かっているわけですから、舎監（寮勤務の教員）は24時間生徒を育てることに責任を負っています。一般の学校は知育の面に力を入れているとすると、全寮制は徳育に特化した教育と言えましょう。

全寮制に勤務する教員は生徒と本当に裸の付き合いをします。「教育は人なり」を実践する社会です。飾ることはできません。教員の全人格が生徒の教育に多大な影響を及ぼすのです。

全寮制教育は大変教育効果が高いと断言できましょう。3年間あるいは中高一貫の全寮制では6年間で生徒は大きく変わります。学力の向上はもちろん、徳育の中で他人との協調性を身に付けます。

生徒のみならず、教員も成長するのが全寮制教育です。新規採用教員は何カ月か全寮制教育に従事し、その後各種の学校に赴任するのが理想です。現実には全寮制教育を実施している公立学校はかなり減っています。

全寮制教育の意義に関しては拙著『都立秋川高校　玉成寮のサムライたち』を参照してください。

今日の社会は規律とともに徳義が崩壊していると言っても過言ではありません。徳義が崩壊した社会では真の教育は成り立ちません。

全寮制教育といえば、イギリスのパブリックスクールが有名です。パブリックスクールは私立です。イートンなどがよく知られています。このパブリックスクールから多くの政治家が育っています。

イギリスのパブリックスクールはラグビーなどの体育活動に力を入れています。知識は主に教室で、体力は運動場や体育館で身に付けられます。いわば文武両道の本道を行くのがイギリスのパブリックスクールです。

日本ではいじめが社会問題となっています。伝統的な教育秩序が崩壊してしまいました。

イギリスの全寮制教育の特徴は池田潔氏の著書『自由と規律』に書かれているように自由と規律の中での人格形成です。こうした全寮制教育を受けた政治家がイギリスの政治を担ってきました。

知識偏重教育のパラダイムを転換する必要があります。知恵ある国家を造るには知恵あるリーダーが育つ必要があります。東大を始め、いわゆるleading universityから過去に何名かの首相が育っています。日本の首相は一概に短命です。短命ということは資質に問題を抱えていると断言できます。

知識はなぜ人間にとって必要でしょうか。教育者アランの声に耳を傾けてみましょう。

「知識のおかげで、何ができるかではなく、知識のおかげで何から解放されるかだ」（ジョルジュ・パスカル『教育者アラン』吉夏社）

知識を身に付ける意味はより**良い生き方を探求**するためです。より良く生きるとは決してお金を得ることだけに終始しません。知識を多く身に付けることで、異質なもの、異質な考えに対する洞察力がつきます。必然的に、視野が広がり、あらゆる文化、あらゆる思想・信条に対する順応性も身に付くのです。

全寮制教育は人生で一番多感な年頃に共同生活するので、**他人への洞察力**が身に付き、異質な考え・思想に対して寛大になれるのです。

21世紀に必要な教育の答えが全寮制教育に秘められていると思われます。つまり狭い専門性にとらわれない知性を持った人間こそ、グローバルな世界で成功できる可能性を秘めているのです。中高一貫教育で全寮制教育をすすめると良いでしょう。公設民営で全寮制教育を展開できないものでしょうか。

体罰それとも懲戒？

教壇に立つと予期せぬ場面に遭遇します。教師は教職の特殊性として人間を相手に仕事をすることになります。時には一時の感情に任せ、体罰に走ってしまうことがあるでしょう。「体罰」は学校教育法違反です。場合によっては傷害罪として刑法に触れます。

第2章で「体罰」について少しだけ触れました。「体罰」と「懲戒」との線引きは非常に微妙なものがあります。

文部科学省では「体罰」と「懲戒」についての指針を出しました。

次の事例は「体罰」それとも「懲戒」ですか。

- 遅刻した生徒を教室へ入れず廊下に立たせる（体罰）
- 宿題を忘れた生徒を放課後教室へ残す（懲戒）
- 掃除を怠けがちな生徒の掃除回数を多くする（懲戒）

■できなかった生徒を正座させる（体罰）
■できなかった生徒を教室内に立たせる（懲戒）
■大声で叱る（懲戒）
■教室内で騒ぐ生徒を一時的に外へ出す（体罰）
■携帯を使っている生徒から取り上げる（懲戒）
■できなかった生徒を教科書でたたく（体罰）

体罰とみなされる指導は、遅刻した生徒を教室へ入れず廊下に立たせる、正座をさせる、教室内で騒ぐ生徒を一時的に外へ出す行為です。生徒を教室の外へ出すことは教育権の侵害です。できなかった生徒を教科書でたたくのは程度の差にもよりますが、もちろん体罰とみなされます。

文部科学省の指針を見てみましょう。体罰の定義は次のように記されています。

「教員等が児童生徒に対して行った懲戒行為が体罰に当たるかどうかは、当該児童生徒の年齢、健康、心身の発達状況、当該行為が行われた場所的及び時間的環境、懲戒の態様等の諸条件を総合的に考え、個々の事案ごとに判断する必要がある。」

さらに、

「その懲戒の内容が身体的性質のもの、すなわち、身体に対する侵害を内容とするもの（殴る、蹴る等)、児童生徒に肉体的苦痛を与えるようなもの（正座・直立等特定の姿勢を長時間にわたって保持させる等）に当たると判断された場合は、体罰に該当する。」と明記されています。

次のような行為は児童・生徒に肉体的苦痛を与えるものでない限り、通常体罰には当たらないとされています。

■放課後等に教室に残留させる（用便のためにも室外に出ることを許さない、又は食事時間を過ぎても長く留め置く等肉体的苦痛を与えるものは体罰に当たる）。
■授業中、教室内に起立させる。
■学習課題や清掃活動を課す。
■学校当番を多く割り当てる。
■立ち歩きの多い児童・生徒を叱って席につかせる。

もし、生徒が暴力で先生に向かってきた時は自分の身を守るためにやむを得ず行使した有形の教育的指導は体罰に当たらないとされています。

最近では携帯電話を学校へ持ち込む児童・生徒が多くなりました。授業中に携帯を使用していて授業の邪魔になるような状況が現出した時、携帯電話を取り上げても教育指導上問題はありません。

教員は教育現場で毅然たる態度を取る必要があります。「処分」を恐れ、教員として児童・生徒に厳しく指導できないと、規律ある学校生活が確立できません。教育は強制が伴うものです。過保護に育った児童・生徒は自己抑制力がつかず社会で独り立ちできません。

時がたって心から感謝できる教員は自分が間違った行動をした時厳しく叱責してくれた先生です。21世紀を生きる人材を育てる必要があります。本音の教育が問われる時代が来ました。本音の教育とは鍛える教育の謂いです。

抑制は21世紀最大の教育目標

皆さんは「**抑制は21世紀最大の教育目標**」であると言った時、この言葉の意味するところが理解できますか。

この言葉は、子ども（生徒）を鍛えることと、自制心を身に付けさせることを意味します。鍛えるとは鉄を打つこと、特に熱いうちに打つことを指します。熱いうちに打たないと意味がありません。熱いうちに打つことで脳幹が鍛えられるのです。脳幹を鍛えることで困難を乗り越える強い意志が身に付きます。

深く愛する者は、強く罰すると言われます。本当に児童・生徒のことを思ったら、叱る場面を逃してはいけません。児童・生徒に立派な社会人になってほしいと願うなら強く罰するのです。

最近、親の教育力低下が問題になっています。親の学力は上がっているのですが、子どものしつけは学校任せになっているのです。親の役割を再認識する必要があります。親の教育力が低下してしまった原因はどこにあるのでしょう。次のような原因が考えられます。

▪仕事で忙しい家庭が増加している。共働きが増えている。
▪悩みをかかえた孤立する家庭が増えている。地域に相談できる相手がいない。
▪いじめ、不登校が増加している。
▪児童の虐待が増加している。
▪問題が多様化している。原因が輻輳している。

地域との付き合いが希薄になっています。一昔前まで、地域共同体ができていて、地域で子どもを育てる環境にありました。頑固親父、雷親父がいた頃の話です。友達との遊びの型も変わりました。学校が終わってから、近くの公園や野原で友達と遊ぶことが少なくなりました。かつては喧嘩にはルールがあり、殺すまで殴る、蹴ることはありませんでした。

遊びの世界には長幼序があり、お兄さん、お姉さんから社会のルールを身に付けたものです。現在はスマホゲームブームで一人部屋にこもって何時間もモニター画面を見つめる子どもたちが増えています。社会との接点はフェイスブックやラインなど、直接、向き合う必要のないコミュニケーション手段をとることが多くなりました。面と向かい合うコミュニケーションの場面が少なくなりました。

食生活が子どもの成長に大きく影響を及ぼしています。朝食を取らず登校する子どもが多くいます。お腹がすくので、間食をします。それも、スナック菓子です。こうした物を食べ育った子どもはキレ易いと言われます。

今の児童・生徒に将来の夢をたずねてもなかなか具体的な将来のビジョンを描くことができません。趣味型人間が増えています。２００９年の日本青少年研究所の報告によると、「お金、名誉を考えない世代」が５・４％から58・５％へと増加しています。

児童・生徒に身近な目標を持たせることがやる気を引き起こす上で最適です。部活動はチームプレイを身に付けることと、目的意識を涵養する上で教育的効果があります。

部活動の意義

皆さんは学生時代に部活動をやっていましたか。学生時代に部活動などで汗を流し、ある程度の成績をあげていると、面接試験などで自信を持って語る内容が多くなり、有利に働きます。

部活動の意義についてお話しする前に、学校の教育活動に部活動はどのように位置づけられているかお話ししましょう。学校の教育活動は教育課程内の活動と教育課程外の活動の２種類があります。

教育課程内の活動としては次のようなものがあります。

- 各教科
- 道徳
- 特別活動
- 総合的な学習の時間等

です。一方、教育課程外の活動としては、

- 部活動
- 休憩時間
- 登下校中

■学校が計画する領域

があります。**部活動は教育課程外の活動**です。

皆さんは『部活動』という呼び名の他、『クラブ活動』という言葉を聞いたと思います。二つの呼び名が一緒に使われていた時代がありました。少し歴史を振り返ってみましょう。

1969(昭和44)年から1989(平成元)年頃まで、「クラブ活動」は教育課程内活動の総称で「部活動」は教育課程外活動と区別して呼ばれていました。

1989年頃から1998(平成10)年頃までは部活動と呼ばれた時代です。

1998年から今日まで部活動は教育課程外活動として扱われています。

教育活動の中で部活動はどのような位置づけになっているのでしょう。部活動を運営する上で、学校現場で次のような問題が提起されています。

- 部活動は学校教育の中での位置づけがあいまいである。
- 教育関係者から部活動って本務? それともボランティア? と疑義が生じている。
- 教員の技量に限界があり、児童・生徒の部活動指導が困難である。そのため、生徒の技量も低下している。

色々な問題点も浮上していますが部活動は教育的意義が高いのです。部活動は次の点で教育的効果があります。

■社会性・協調性の精神が醸成できる。
■民主的な生活態度の育成ができる。
■リーダーシップやフォロアーシップの精神が身に付く。
■余暇を有効活用できる。
■学校への帰属意識が高まる。

部活動を今後も更に活発化させるために、次のような施策を教育機関では考えています。

■教員の負担をなくすため、教員と外部指導員によって部活動を指導する。
■生徒の技術力を下げないために、技量に長けた新規教員を採用する。東京都の場合、社会人枠では部活動の指導に長けた人材を優先的に採用している。
■部活動の活動予算を増額して財政面で援助する。

東京都の小学校では一日校長として、オリンピックで実績をあげた選手を招聘しています。

都立高校では、部活動推進校を指定し、オリンピック出場選手や元プロの選手を招き、児童・生徒の技量向上のため力を入れています。

皆さんも積極的に児童・生徒と一緒に汗を流しましょう。部活動の指導を通じて教師も人間力を高めることができます。

第10章　憧れる

憧れは行動の原点

「なぜ先生になりたいんですか」との質問にかなりの人が、過去お世話になった先生の名前を挙げます。

「**憧れに、憧れる**」という言葉があります。先生になった人は心の中に誰でも憧れの対象を抱いています。その存在に少しでも近づく為に日々精進します。

先生のそんな姿をみて、児童・生徒は憧れるのです。こうして、憧れが正の循環を繰り返し、優秀な先生が誕生していきます。

すべての行動の源泉に「憧れ」があると言っても過言ではありません。

「**教室のピグマリオン**」という言葉をご存知ですか。

今から約五十年前、ローゼンタールとヤコブソンが小学生の低学年児童を不作為に二つのグループに分けました。

一つのグループをAとしましょう。このクラスには成績上位者20％がいると先生は宣言しました。

もう一方のグループをBとしましょう。こちらは普通のクラスだと言いました。常日頃からそのように言われ続け1年がたちました。すると、Aクラスの児童の方がIQの伸びがよかったのです。

この実験から次のように結論付けることができます。

「教師がある児童・生徒に特定の期待を持って接していると、その児童・生徒は期待する方向に伸びていく」

皆さんが教員になりクラスを持つことになった時、自分のクラスは可能性を秘めた生徒が集まった、楽しみだ、そんな気持ちで生徒に接していくと、児童・生徒は成績を伸ばすことになるのです。

ミメーシス（感染的模倣）

次に、「ミメーシス」についてお話をしたいと思います。

私は校長時代、放課後、校内をよく巡回しました。3年生のあるクラスはいつも教室に電気が点いていて、消し忘れかと思い、開けると中で沢山の生徒が勉強していました。時には先生がいて指導していました。別の日には生徒同士教えあう姿がありました。

クラスの一部の生徒がしっかりした目標を持ち、着実に学力をつけていく。すると周りの生徒も影響を受け、着実に学力を伸ばしていく。この3年生の姿から「ミメーシス」という言葉を思い浮かべました。

「ミメーシス」とは「感染的模倣」とでも訳せましょうか。初期ギリシャの教育は**自己陶冶**を達成し自立した者が周囲に影響を及ぼす「ミメーシス」を理想の形とした、とどこかで読んだことがあります。

潜在的学力が高い生徒が多くいる集団は生徒同士切磋琢磨し全体の知的レベルを高めることが実証されています。

教師になり、ホームルーム担任を任された時、自分のクラスをいかに良質な集団に育て上げるか、教師の力量が試されます。自分の将来のビジョンを見つけ、目標は高く、志を高く維持し、学級全体で成長する、そういう集団を造り上げることです。

中華民国に澎湖島《ほうこじま》という島があります。気象の関係で1年のうちの数カ月は外出不能となり、島民はその期間、室内でできる好きなことをするのであらゆる技能が上達したといわれます。音楽、絵画、詩文、武芸などの名人を多く輩出しました。

時に皆さんも長時間図書館、喫茶店、部屋にこもる生活をしていることと思います。長時間机に向かうことは一つの能力です。澎湖島の人々は物理的に外出できないのであって、皆さんは自分の意志で机に向かっています。この差は大きいのです。

立花隆氏が『脳を鍛える』という本の中で次のように言っています。

「自分の脳を知的に育てたければ、知的刺激を一杯自分に与える事です。知的刺激を受ける為には、本を読むことも必要だろうし、先生の話をきくことも必要です。しかし、何が一番刺激になるかといって、仲間なんです」

お互いに**高きを目指す仲間**がいることは人生の宝です。

一瞬、一瞬の織り成すもの

シリアで取材中、イスラム国のゲリラに殺害された後藤健二さんの姿が何度もテレビから流れていました。後藤健二さんは大学を卒業後ジャーナリズムの世界に飛び込み、シリアやイラクなど危険地帯にあえて侵入し世界から置き忘れられている子ども、老人など弱者の視点から報道してきました。

人の一生は一瞬の選択によって決まります。人生に「もし」がゆるされるなら、後藤健二さんは茶の間にいて家族とともに夕食でも取りながらテレビを見る側にいたかもしれません。しかし、後藤健二さんはジャーナリズムの道を天職と考え奥さんと幼い子どもを残し紛争地域に足を踏み入れていきました。

職業といえども命を賭す覚悟を持つことは並大抵のことではありません。ほとんどの人は職業選択の判断をその人が生きる社会の枠組みに条件付けられてしまうものです。最近は年収格差の話題が紙面を飾っています。

これだけは皆さんに断言します。職業選択の基準にまず年収を考える人は不幸な人です。人の一生というものは一瞬、一瞬の決断が織り成すものです。近くを見すぎる人は迷い、絶望、楽観などにとらわれがちです。10年、20年先の自分を想像することで適切な決断ができます。ものを学ぶ楽しみを体得した人は幸せな人です。社会学者であるマックス・ヴェーバーは言っています。

「現在の楽しみを禁欲し将来の利益と名誉のために、持てる資本（時間・労力・資金）を教育という活動に投資する」（『プロテスタンティズムの倫理と資本主義の精神』岩波書店）

後藤健二さんの生き様から多くを考えさせられます。

待て、而して希望せよ

マラソンランナーは歯を食いしばり、ふらふらになりながらも走ることをやめません。大学受験を目指す児童・生徒は図書館や勉強部屋で何時間も閉じこもり、勉強をやめません。人は苦しみを越え、なぜがんばることができるのでしょう。

「**忍耐は練達を生じ、練達は希望を生じる**」私の好きな言葉です。『新約聖書』の「ヘブル人への手紙」の中に出てきます。

ひたすら快楽への誘惑に耐え学習なり、練習なりを続けることで練達が生じます。力がついてきたことを実感できるのです。すると心の何処からか希望が湧いてきます。この信念を抱いた時、快楽の深淵を前にしても浅瀬に立ちどまり自分自身を限界まで頑張らせる精神力が身に付くのです。

いかにメリハリのある生活を送ることができるか、いつも自分自身に問いかけています。夢実現への道のりは決して平坦ではありません。時に失望感にとらわれ、絶望の淵を見ることがあるかと思います。そんな時はひたすら「待つ」のです。

「待て、而して希望せよ」アレクサンドル・デュマの『モンテ・クリスト伯』最後の場面で主人公が言っています。

今、この「待つ」ことができない人が増えています。待つことは決して歩みを止めることではありません。自分で決めた道をひたすら歩みながら、**人生が開けるのを待つ**のです。待つことのできない人は自暴自棄に陥ってしまいます。

第二次世界大戦中、ドイツのアウシュビッツで何故暴動が起きなかったのでしょう。なぜ従順な羊のように皆がガス室へ向かって行ったのでしょう。収容所のユダヤ人は「希望」を持っていました。いつかシオンの地でユダヤ人の仲間達と生活ができると考えていたのです。

イスラエル国歌は「ハティクバ」つまり「希望」と言います。希望を抱いている人は強いのです。如何なる人生の逆境にも耐えられます。将来に対する希望を胸に、皆さんもひたすら目標達成に向け歩み続けてください。

ミネルバの梟

２００８年3月下旬のことです。スウェーデンのイエテボリでフィギュアスケートの世界選手権がありました。私は浅田真央さんの演技を見ていました。

あの広いスケート会場で一瞬、浅田真央さんの姿が消えたのです。それほど今まで見たこともない大きな転倒でした。

あの転倒を「世紀の大転倒」と評価した人がいます。やはり、日本が生んだ天才フィギュアスケーターの伊藤みどりさんです。中途半端な滑りではなく、ぎりぎりの滑りをしていたからあのような転び方になると後で伊藤みどりさんは講評しています。

浅田真央さんの偉大さはその後の演技にあります。大転倒を忘れさせるのびのびと大きな、そして美しい演技で北欧の大観衆を虜にしたのです。その結果、見事金メダルを取りました。

「人間の真の宝とは、その**失敗の蓄積**、すなわち、何千年にもわたって一滴、一滴とたまってきた生にかかわる長い経験である」と『大衆の反逆』にオルテガが書いています。

失敗を糧に成功に導く知恵を持つことで人間はこの地球上を綿々と生き延びてきたのでしょ

う。

知識社会と言われる今日、学歴を得るために勉強してそれでよしとするのではなく、より良い人生を生きる知恵を身に付ける必要があります。より良い地位を得るために学問をするのではありません。

「ミネルバの梟は夕暮れに飛翔する」ということばがあります。

学問というものは将来を予見するものではなく、夕暮れ時、つまり物事が全て終わった時自分の行為を振り返り、次への行動を見極めるものです。**学問は現実の後を追う**ものであると解釈できます。

詳しくはヘーゲルの『法の哲学』を紐解いてください。

第11章 成る

自己実現の方法

グローバル化が進行し、国境を越え人・物・金が往来します。グローバル化の進行はコスモポリタンへと向かいませんでした。皮肉なことに、ますます、各国は自国文化・伝統の保持へと走りました。

国旗・国歌の法制化で、式典で壇上の国旗に敬意を表し、国歌を斉唱することが義務付けられました。

私は20歳の頃、世界中を放浪していました。ドイツのユースホステルから『君が代』が流れてきました。丁度、ミュンヘンオリンピックの頃で、水泳で日本人が金メダルを取ったのでした。

この瞬間、パスポートだけで日本の日常とつながっている自分を意識したのです。

アイデンティティ論はアメリカ（合衆国）の精神分析者、エリク・H・エリクソンが展開しました。エリクソンのアイデンティティは次のように理解されています。

「そもそもアイデンティティは、自分の主観だけで、自分を定着するという自己意識ではない。むしろパスポートや身分証明書の、あのアイデンティフィケーション・カードに代表されるように、他者のまなざしの中に映っている自分を自分として固定し、それに同一化することによって初めて成り立つ」（小此木啓吾『モラトリアム国家　日本の危機』58頁）

皆さんは1日のうち、1度でも結構です、自分自身を静かに見つめる瞬間を持っていますか？

私は中学校の時、教育実習にこられた理科の先生から日記をつけることの意義について教えられました。その日から、毎日、日記をつけています。書き綴られた日記は積み重ねると1メートルくらいに達します。

スーパーティーチャーになる道は、自己実現の道です。ヘーゲルは自己実現ということに関して次のように言います。

「自己実現とは、自分が本来そうありたい〈自分〉に気づくことがまず必要で、その本来あるべき〈自分〉へ帰る営みである」

自己実現には次のような過程を踏む必要があります。

①自分の置かれた現状をじっくりと分析する。
②自分の身の丈にあった目標を設定する。

③目標達成の方策を練る。選択肢がいくつか出てきた場合、A or Bという二者択一ではなく、A and Bのようにいくつかの可能性を組み合わせてみる。

アンドレ・モロアが『初めに行動があった』という書物を書いています。青春時代の私の愛読書でした。とにかく目標が決まったら行動することです。

「高き山を望めば、高き山に到る」という言葉があります。目標は高いほど、目標に向かうモチベーションも高まります。それに向けて一歩一歩踏みしめる足どりも重く感じるかもしれません。

頂上に立ち、いま歩んできた道を振りかえると、ひたすら目標に向かい歩を積み重ねてきた自分がいます。苦しみながらも目標に向かって積み重ねる歩行は人間ならではの行為です。頂上での絶景、一杯の水の美味しさは苦の後に与えられる報酬です。

アメリカ（合衆国）のあるコンサルタントの逸話があります。

「子どもの頃、道端でバッタを捕った。持っていた缶に入れ、蓋をした。家への帰り道ずっとバッタが蓋にぶつかる音がした。家に帰ってしばらくして蓋を開けたら、そのバッタは蓋の高さまでしか飛び跳ねなくなった」

目標が低いとその高さまでしか努力しなくなってしまうのです。

長い人生の中で挫折も経験することがあるでしょう。挫折を乗り越える方法をお教えします。

■人は誰でも一つ二つの成功体験があるでしょう。その成功体験を胸に行動することで自信を積み重ねていくのです。「物事はすべて自分の思うようになる」と自己暗示をかけるのです。

■40歳くらいまで何か一定の成果を目指しましょう。

■25歳から35歳まで試行錯誤がゆるされます。失敗を恐れることはありません。

自己実現を目指す上で自分自身を知らないと行動することができません。自分自身を知るために毎日日記をつけることを勧めます。

不材を以て其の天年を終うるを得

荘子の言葉です。その意味は、材木として役に立たない、細いものや曲がった木が結局人に切られず、天年、つまり天寿を全うするという意味です。

人生をふり返ってみると、私の人生に大きな影響を与えた先生は秀才型の先生ではなく、人生の変遷をへて、最後に教職という道に就いた人です。

一昔前に、「でもしか先生」という言葉がありました。私が影響を受けたのは、そういった先生ではありません。

中学校時代の担任は、まだ若く、常に疑いを持ち、理想の教員に向け努力していました。その姿には自信のなさがにじみ出ておりましたが、誠実な態度と常に学ぶその姿に影響を受けました。その先生は次のような言葉を生徒に投げかけていました。

■人生は1回だけだ。無駄にするな。
■10年後、20年後の君たちの姿に期待している。
■どんなことでもいい、相談に来なさい。
■君たちならできる。

いつまでも心に残る先生に共通する点として、

■一人の人格者として、児童・生徒を見る。主権者として見る。
■児童・生徒と共に行動している。児童・生徒と一緒に汗を流す。
■児童・生徒の可能性を見つけ、引き出す。
■教師の全人格で児童・生徒に向かう。飾ることはしない。時には児童・生徒にとって壁となる。壁があるから児童・生徒は成長する。
■全ての児童・生徒に公平にあたる。特定の児童・生徒をひいきしない。

何年たっても毎年年賀状をくれる教え子がいます。正月、教え子から年賀状をもらうたび、教師冥利につきる思いがします。

人生の師

書物との出会いの中で人生の師と出会いました。小説の中に登場する教師の姿に私は影響を受けました。石川達三氏の『人間の壁』は教育書と言っても過言ではありません。

「教室の中で、五十幾人の子どもたちと相対した時には、教師はやはり聖職でありたい。一身上の利害も、名誉も、恥も、外聞もみんな忘れて、ひたすら教育に奉仕するものでありたい」（『人間の壁』135頁）

教師はやはり聖職者です。教師との出会いの中で、人は人生を刻んでいきます。教師と出会い、影響を受け、人生の花を咲かせるのです。

「自己を愛さない人は、他人をも愛することはできない。しかし、自己を愛することは真の自己を愛することである。すなわち、より高き自己、最善の自己を愛することであって、この自己こそが人間においては常に正しい理由根拠なのである」（アリストテレス）

人の一生は重き荷を背負い山道を登る歩みに例えられます。何十年先の理想の自己、最善の自己に向かって一歩一歩山を登って行きます。ふと歩みを止め自分の歩いて来た足跡をふりかえります。山頂で飲む一杯の水は山登りの労苦に対する報酬です。

ピカソ型の人と、セザンヌ型の人がいると言われます。ピカソ型の人は、若いときから画期的なアイディアを持ち、作品を直感で生み出す人です。「コンセプチュアル・イノベーター（conceptual innovator）」と呼ばれます。

セザンヌ型の人は、経験に基づき、試行錯誤を繰り返し、晩年に素晴らしい作品を生み出す人です。「エクスペリメンタル・イノベーター（experimental innovator）」と呼ばれます。皆さんはどちらのタイプでしょう。

本能的に知識を求める資質を備えている人は教員に向いています。「無用な知識」の積み重ねが人間の幅を造ります。「無用な知識」は強い好奇心によってつき動かされるものです。

児童・生徒に影響を与える教師はこうした「無用の知識」を積み重ねてきた人です。この場合の無用とは功利的ではないという意味ではなく、荘子の「無用の用」の無用です。つまり、**専門を越えた幅広い教養**という意味です。


「これではならない！

このままで、一生を過ぎてはならない！

単なる博識多才ではない。自分のいのちとひきかえにつかみとるような真実が欲しい」

（吉本隆明『最後の親鸞』筑摩書房）


いのちとひきかえにつかみとる真実を求めた若き親鸞に学びの理想の姿を見ます。

生を感じる

明治時代、この国の形を造るため命をかけた先哲者から多くを学びます。司馬遼太郎の『「明治」という国家』に、この国の形を造る為命を賭した先人が描かれています。そんな勝海舟は咸臨丸の船長でした。幕府は封建制の名残もあり、勝海舟を冷遇しています。そんな勝に、「アメリカと日本はどういうところが違うのか」とのどかな質問をすると、「アメリカは日本と違って賢い人が上にいます」と答えたそうです。老中の苦々しい表情が浮かんできます。今の世にも通じることです。

上に立つ者の理想の姿として、浜口雄幸《おさち》と井上準之助の2名を紹介したいと思います。両名ともまれにみる読書家でした。つまらない会議の中、読書にふける2名の姿がありました。両名とも一徹者として知られています。

井上準之助は金本位制への移行に尽力しました。野党の激しい論駁のなか、押し切るその強さが敵を呼びます。ある日、凶弾に倒れてしまいます。

浜口雄幸は首相となり、凶弾に倒れた後といえども、体が屍のようになっても国会に出席します。犬養毅の反対討論を体で受けとめ、血を吐いて倒れるまで職に専念しました。

今の政治家には稀有な、信念に生きた人です。

「もっとも多く生きた人間は、もっとも多く年をかさねたものではなく、もっとも多く生を感

じたものである。」（ルソー）

私は一日の終わりに「日々好日」と記します。この「好日」とは、単なる良い日という意味ではなく、**自分に正直に生きたか、自分として真実な生き方をしたか**という意味になります。『エミール』の言葉を借りると、今日一日、多く生を感じることができた日は好日と記すことにしています。

第12章　「新たな学び」へ

英語4技能（5領域）入試でどう変わるか

２０２０年よりセンター試験に代わり「大学入学共通テスト」が導入されます。図17をご覧ください。

各大学のアドミッションポリシーをしっかりチェックする必要があります。A大学は「民間認定試験」と「大学入学共通テスト」を課します。B大学は「民間認定試験」だけ、C大学は「大学入学共通テスト」だけを課します。「大学入学共通テスト」では、大学入試センターの認定を受けた資格・検定試験を「認定試験」と呼びます。

２０１８年3月、文部科学省は図18、図19のような種類の民間試験を正式に認定しました。

民間認定試験が導入され高校現場では少なからず動揺しています。毎年、東大等難関大学に何名も合格している学校はそれ程影響がありません。今回の改訂で一番影響を受けるだろうと

	民間認定試験	大学入学共通テスト（マーク式）
A大学	○	○
B大学	○	×
C大学	×	○

4技能評価 reading, listening ＋ speaking, writing　2技能 reading , listening

(1)「大学入学共通テスト」では、大学入試センターの認定を受けた資格・検定試験を「認定試験」と呼ぶ。試験結果（点数）及びCEFRの段階別成績表示を、要請のあった大学へ送る。高校3年生の4月から12月の間の2回までの試験結果を大学へ送付する。
(2)大学入学共通テストの英語試験については、2023年度までは実施し、各大学の判断で共通テストと認定試験のいずれか、又は双方を選択利用することを可能とする。
(3)国公立は両テストが必須（国大協）、加点は「2割以上」、「A2」以上が出願条件
※東大は副学長が最初民間テストは合否の判断に使わないと話していた、最終的には活用する方向に変更になった。
(4)入試日程は「共通テスト」の採点期間の関係で大学への成績提供は1週間程度遅れる。
(5)受験は団体戦の意識が薄くなる。
(6)自己採点が難しくなる。（モニター調査の一致率＝国語68.9%、数学91.7%）
(7)2024年度以降、CBT化されると自己採点は不可能になる。
(8)東大など難関大学は二次試験を変えないと言明している、従来とおりの受験指導は必要となる。難関大学は記述式・論述式中心となる。英語力を伸ばすには国語の表現力アップは必至。また、教科横断型の授業を進める。
(9)保護者の意識改革が必要。安易な志望変更をしないで、第一志望にこだわる姿勢が必要。大学進学の目的を明確化する。なぜ、その大学を志望するのか常日頃から考えさせる指導が必要。
(10)本時の授業内容を削り、安易に検定対策をやらない。

図17　英語教育は変わる

2020〜2023年度　英語

各試験団体のデータによるCEFRとの対照表

CEFR	Cambridge English	英検	GTEC CBT	IELTS	TEAP	TOEFL iBT	TOEFL Junior Comprehensive	TOEIC / TOEIC S&W
C2	CPE (200+)			8.5-9.0				
C1	CAE (180-199)	1級 (2810-3400)	1400	7.0-8.0	400	95-120		1305-1390 L&R 945~ S&W 360~
B2	FCE (160-179)	準1級 (2596-3200)	1250-1399	5.5-6.5	334-399	72-94	341-352	1095-1300 L&R 785~ S&W 310~
B1	PET (140-159)	2級 (1780-2250)	1000-1249	4.0-5.0	226-333	42-71	322-340	790-1090 L&R 550~ S&W 240~
A2	KET (120-139)	準2級 (1635-2100)	700-999	3.0	186-225		300-321	385-785 L&R 225~ S&W 160~
A1		3級-5級 (790-1875)	-699	2.0				200-380 L&R 120~ S&W 80~

英検：日本英語検定協会 http://www.eiken.or.jp/forteachers/data/cefr/　　GTEC：ベネッセコーポレーションによる資料より

図18　各試験団体のデータによるCEFRとの対照表

	TOEFL IBT	TOEIC Speaking and writing	GTEC Basic	TEAP	英検 4技能 CBT	IELTS
4〜6月	8	6	1	0	3	9
7〜9月	11	6	1	2	3	9
10〜12月	9	6	2	1	3	6

図19　民間試験の回数

推測される高等学校はいわゆる中堅校です。学校現場に次のような変化がもたらされるでしょう。

■高校2年生までにCEFRでA2くらいを終えておく必要があります。必然的に英語の授業のスピードが速まります。

■試験結果（点数）及びCEFRの段階別成績表示を、要請のあった大学へ送ることになります。高校3年生の4月から12月の間の2回までの試験結果を大学へ送付します。年何回も受験する生徒と、1回しか受験できない生徒との格差が生じるでしょう。

■国立大学協会の2018年3月30日の発表によると、民間試験7種類全てを対象とし、その上次のような条件を提示しています。

①一定水準以上の成績を二次試験の出願条件とする。

②段階別評価に基づき2023年度まで併存するマークシート式に加点する（大学により、加点の割合は最初1割と言っていましたが最近は2割と変わってきました）。

③①と②。

■受験は団体戦の意識が薄くなります。私は英検、私はGTECというようにあらゆる種類の民間試験をそれぞれの生徒が受験するようになるでしょう。

■本時の授業内容を削り、安易に検定対策をやらないことが基本です。学校によっては授業の中で検定対策を講じるところも出てくるでしょう。

「主体性」を評価する大学入学試験の導入

新学習指導要領が順次導入されるに従い、「主体性」を評価する時代が来ます。**「主体性」は従来のペーパーテストでは評価できません。**ここで、主体性を定義しておきましょう。中央教育審議会の会長である安西祐一郎氏は、「主体性」とは、自分の目標を自分で見出し、実践する力と定義しています。

教育再生実行会議第4次提言（2013年10月）以降、各大学は積極的に入学者選抜改革に取り組んでいます。推薦入試が変わります。AO入試は「総合型選抜」入試、従来の推薦入試は「学校推薦型選抜」入試、一般入試は「一般選抜」入試と言われます。

2018年現在、様々な入学システムが提示されています。京都大学の「特色入試」、大阪大学の「世界適塾入試」、東北大学の「AO入試」の拡大、筑波大学の推薦入試における4技能外部英語検定試験の導入、お茶の水大学の「新フンボルト入試」などがあります。

OECDのDeSeCo（コンピテンシーの定義と選択：その理論的・概念的基礎）によると「21世紀学力」は図20のように表記されます。

学びの改革で特に重要なのはこのreflectiveness、文部科学省等の資料では「思慮深さ」と訳されていますが「内省」です。つまり、自分の心の窓から自分自身を見つめる。**「メタ認知」**とも言います。

知識のみを問うのではなく、知識を活用した上で、分析力、課題発見力が問われます。「総合型選抜」入試、「学校推薦型選抜」入試の判定に必要な資料は「内省の記録」です。つまりポートフォリオを準備する必要があります。

ポートフォリオとは

1960年頃には行動主義が、1970年頃には認知主義が全盛を誇っていました。その時代においては、絶対的な知識を伝達するための学習指導（学校化された学習）が求められ、学習の知識観は「知識は与えられるも

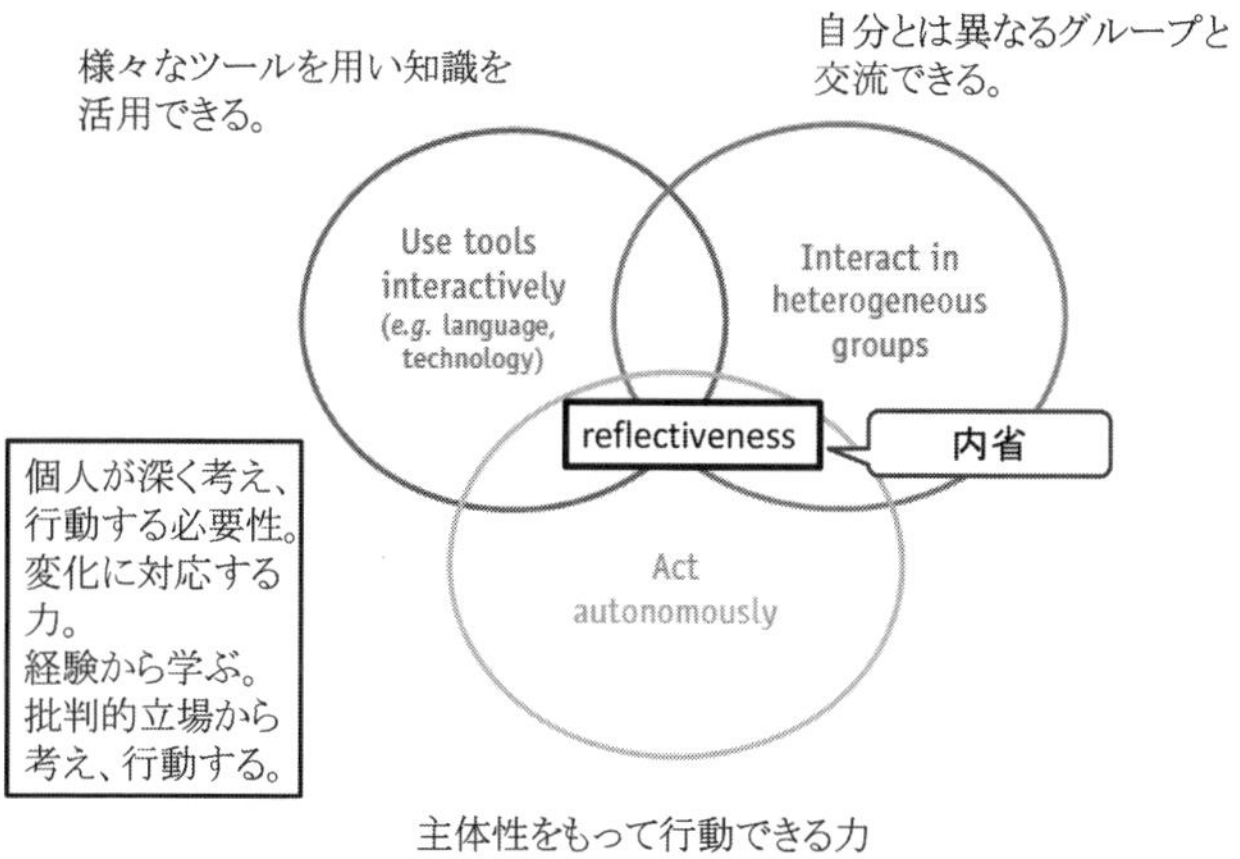

図20　OECDが掲げる21世紀学力

文部科学省「外国語ワーキンググループにおけるこれまでの検討事項に関する論点　補足資料」（平成28年１月12日）

の」であり、学習の主体は教師が中心、学習の傾向は暗記中心、評価方法は主に客観的能力判定法であるテストを用い、その結果のみを重視していました。

しかし、1980年頃の構成主義の台頭とともに絶対的な知識観が崩壊し、学習活動や課題等が現実的なものでなくてはならないという真正な学習が求められるようになりました。この真正な学習では、必要な知識を収集・統合し適切な判断を下しながら課題解決を図る力が必要とされていますが、この能力はテストだけで評価することは不可能であるため、学習プロセスを通した継続的な学習成果物や学習履歴データ等の記録（学習のエビデンス）を重視し、これらを用いて学習者のパフォーマンスを多面的に評価する真正な評価が併せて求められるようになりました。

学習を行う上でまず、目標設定を行う、そして、それに準拠したルーブリックの作成と確認を行う必

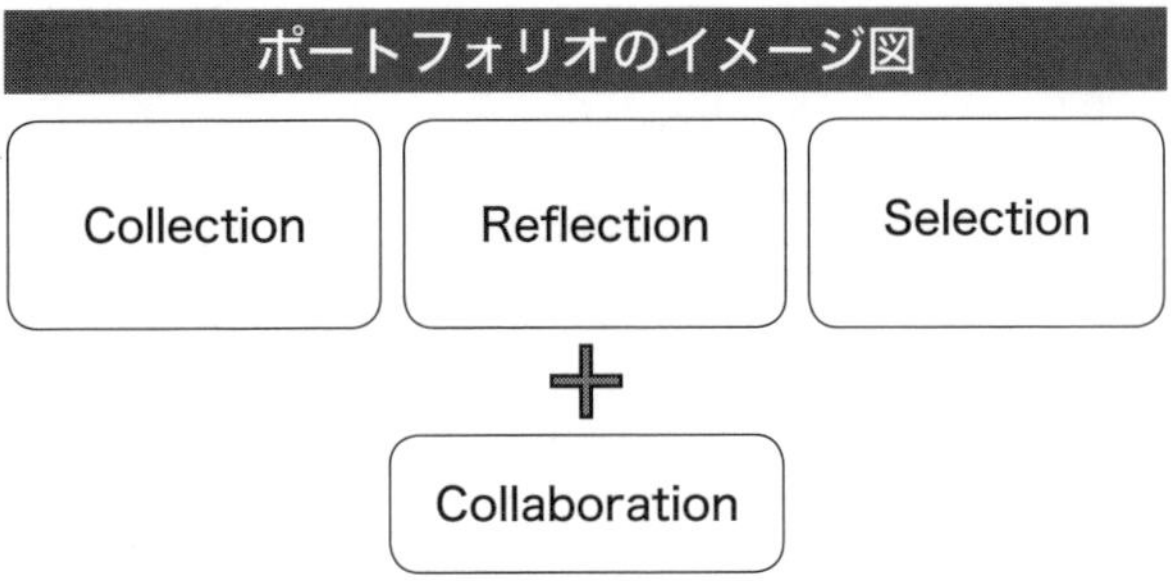

友達と協力して、書き直し、書いたものを省察、友達の書いたものを読み批評、保管する。最初と最後の内容を比較する。

図21　e-portfolioの導入

「教育課程企画特別部会論点整理補足資料（抜粋）」（平成27年８月26日）

要があります。「何をどこまでやらなければいけないのか」、「評価規準」、「到達目標」などを明らかにし、授業等に即した評価基準をつくるのです。

ポートフォリオは自己評価（セルフ・アセスメント）です。つまり自ら「反省し、振り返ること」、学びの過程で分かったことを記録するものです。

「評価する」といったとき次の3点があります。

■成績を付ける（評価）
■認めてあげる（評価してあげる）
■児童・生徒の理解などを把握する

「主体的・対話的で深い学び」の評価では3番目の「児童・生徒の理解などを把握する」が大切です。

生徒の各ポートフォリオは「自問自答」→「きづき」→「一般化」→「計画」の流れを踏んだものにする

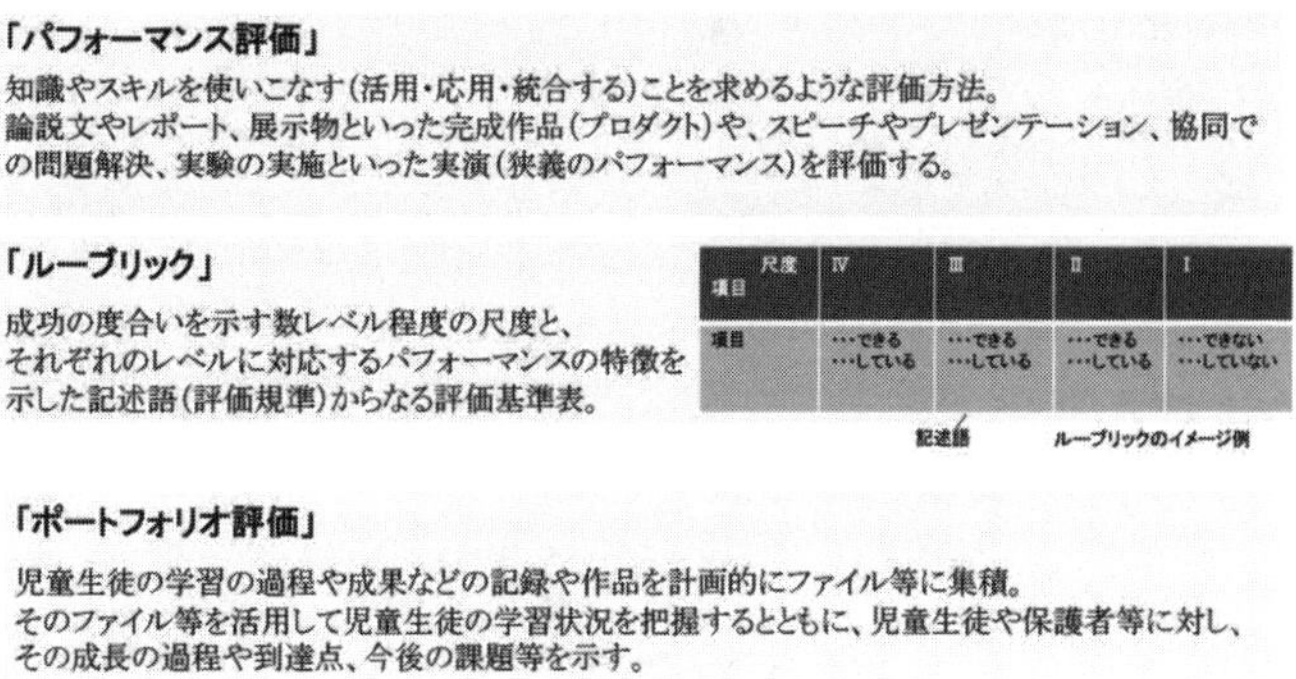

「パフォーマンス評価」
知識やスキルを使いこなす（活用・応用・統合する）ことを求めるような評価方法。
論説文やレポート、展示物といった完成作品（プロダクト）や、スピーチやプレゼンテーション、協同での問題解決、実験の実施といった実演（狭義のパフォーマンス）を評価する。
「ルーブリック」
成功の度合いを示す数レベル程度の尺度と、それぞれのレベルに対応するパフォーマンスの特徴を示した記述語（評価規準）からなる評価基準表。
尺度
項目
Ⅳ
Ⅲ
Ⅱ
Ⅰ
項目
…できる …している
…できる …している
…できる …している
…できない …していない
記述語
ルーブリックのイメージ例
「ポートフォリオ評価」
児童生徒の学習の過程や成果などの記録や作品を計画的にファイル等に集積。
そのファイル等を活用して児童生徒の学習状況を把握するとともに、児童生徒や保護者等に対し、その成長の過程や到達点、今後の課題等を示す。

図22　評価が変わります

「教育課程企画特別部会論点整理補足資料（抜粋）」（平成27年８月26日）

必要があります。生徒の書いたポートフォリオを生徒の内省に導くために教員には適切な問いかけが必要となります。次に良いポートフォリオの実例を示しましょう。

生徒が書いたポートフォリオ（例）

２０１８年5月13日　自問自答

きょうはLesson 3の"Fair Trade"を家で読む。先生から言われた通り、意味が分からない単語が出てきても、前後の文脈から意味を推測して読んだ。宿題になっているQ and Aをやる。コーヒーのFair Tradeがなぜ重要か分からない。「コーヒーと私」と題した明日の3分間スピーチに向け準備をして寝た。

２０１８年5月14日　きづき(a)→一般化(b)

宿題になっていたアフリカのコーヒー栽培においてFair Tradeがなぜ重要かグループで意見交換をした。友達の発表を聞いているうちになぜFair Tradeが重要か分かってきた。(a)

その後、「コーヒーと私」と題して3分間スピーチをした。Peer assessment（友達の評価）から私のスピーチで何が不足しているかよく理解できた。(b)

２０１８年５月20日　計画(c)
市民図書館で、コーヒーに関する読み物を読んだ。たまたま、同図書館にアフリカの貧困に関する内容の英語雑誌があったので借りて帰った。

２０１８年５月30日
先生から、7月に実施されるスピーチコンテストに出てみないかと声かけがあった。是非参加したいと先生に話した。(c)

このポートフォリオは先生からの問いかけがあり、完成したものです。理想的な流れになっています。

ポートフォリオは電子化したいものです。紙ベースだと紛失する可能性があります。担任教員の問いかけに対する生徒の返答など、電子化すれば作業がやり易くなります。

新学習指導要領で英語教育はこう変わる

新学習指導要領では、小学校英語活動は週1時間以上、中学校で週4時間を実践コミュニケーションと言語知識の授業にあてることになっています。高校では週5時間以上はコミュニケーション活動中心の英語が入ってくるでしょう。

上智大学の教授、吉田研作氏によると、英語教育の目標はネイティブ並みに話す、聞く、書くことを目指すMultilingualからPlurilingual（複言語）へと変わると言われます。EUは複言語世界です。EUにとって外国語を学ぶ理由は自分の趣味を生かす為という意味もあります。

インド人が、韓国人が、東南アジアの人が話す英語をtheir Englishと呼びます。これからの時代、自分の国のなまりのままで意思疎通できる英語を最終習得目標にすればよいのです。それをour Englishと呼びます。

英語で授業をすること

これからの時代、国際語（Lingua Franca）として英語を身に付ける必要があります。教員が英語で授業をやらない環境で、どうして生徒が英語で発話するでしょうか。

Michael Long氏のInteraction Hypothesisによると、英語の授業において生徒同士が英語でコミュニケーション活動をすることが動機づけになり英語での発話を促すそうです。これからの授業は積極的に生徒同士が英語でコミュニケーションを取る必要があります。

私自身、東京都立高校で教えていた時、日本語だけで1年間教えたクラスと、英語だけで教えたクラスとのコミュニケーション能力の伸長状況について統計を取りました。英語で授業をやったほうが生徒の英語での発話が多くなりました。談話分析し統計を取った結果、有意差が見られました。日本人の先生が少しくらい英語に日本語のなまりがあっても、先生が英語で授業をやることで生徒は親近感をよせ、その先生のように話したいと思うようになるのでしょう。

「英語で授業をすること」に関する留意事項

- まずreading力（読解力）アップを重視すること。いつも授業の中でスピーキングをやっていても英語力は伸びません。
- 教員だけが英語で話しているのではなく、生徒が英語で発話することを心掛けること。
- 文法はlanguage resource（言語の要）です。文法力がないと、論理的、明晰な意思疎通ができません。
- まずは日本語力（国語力）を鍛える必要があります。自分の母国語の能力以上に外国語は伸長しません。徹底して日本語（国語）を学ぶ必要があります。

授業の形を変える必要があります。Display型からReferential型へと移行する必要があります。ARCLE（ベネッセ教育総合研究所・上智大学共同研究）によると、最近の中学校と高等学校の学びの８割弱はDisplay型です。図23、図24を参照してください。

Referential型の学びとは、「英語で教科書の本文を要約」「初見の英語を読む」「即興で自分の考えを英語で話す」「スピーチ、プレゼンテーション」「ディスカッション」「ディベート」等です。条件反射で答えられない会話を目指すと言われます。How are you?→I'm fine thank you. ではなく、時にI am a bit tired. と答えます。相手は続いてWhy are you tired? と会話が続くのです。

AI時代の英語教育

オックスフォード大学は今後10年でなくなると予測される職種７０２種を発表しました。より高次なクリエイティブな能力を育てる教育は従来の一斉学習では身に付きません。行き着く先は個人の能力に即した、「個」を鍛える教育です。

１９５３年、B. F. Skinnerは娘の数学の授業を見学しました。クラスの生徒すべてが同じ教

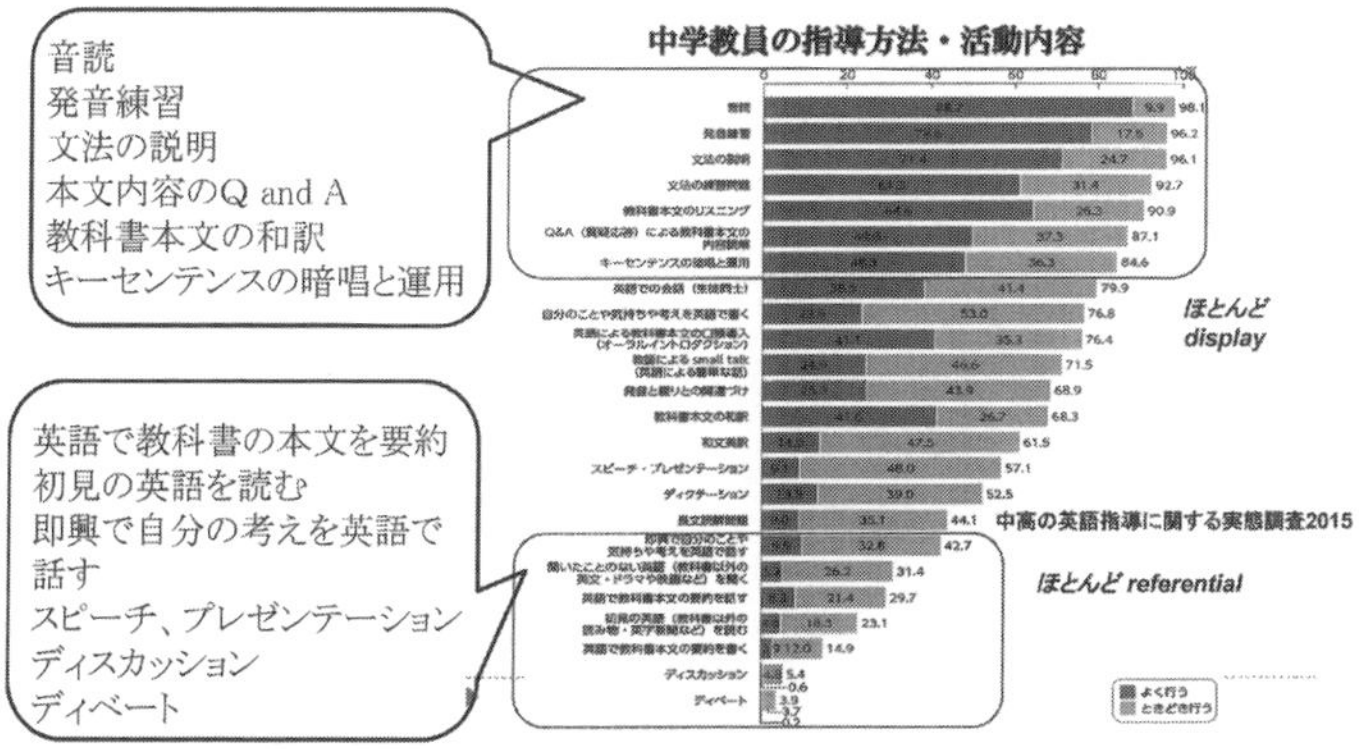

図23　Display型→Referential型

資料：ARCLE（ベネッセ教育総合研究所・上智大学共同研究）

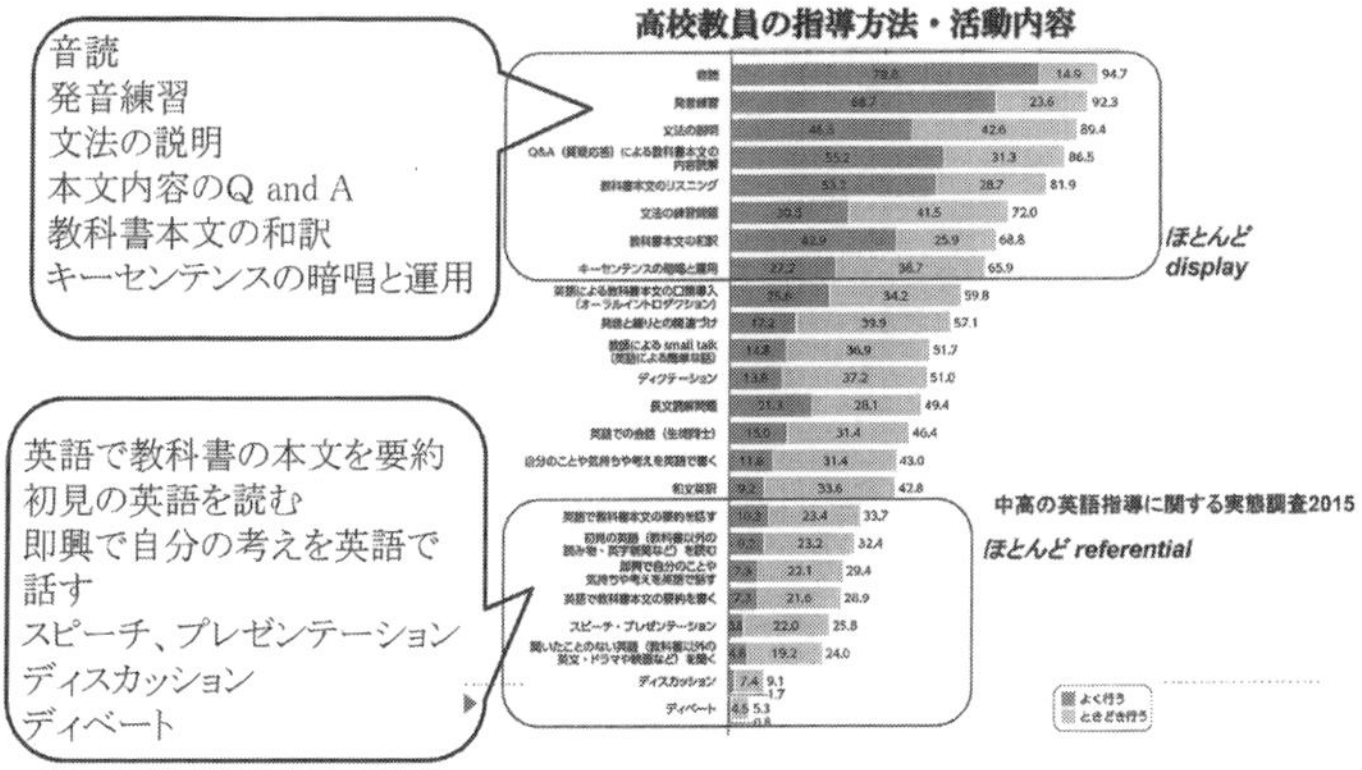

図24　条件反射では答えられない言語活動を増やす

例：How are you?→I'm fine thank you, and you?

資料：ARCLE（ベネッセ教育総合研究所・上智大学共同研究）

材を使い同じスピードで同じ題材に取り組んでいました。その授業を見て数日後、彼は個別学習に適した学習機器を発明します。60年代の中頃まで、こうした学習機器は一時ブームになるのですがその後衰退していきます。

今日、マーク・ザッカーバーグやビル・ゲイツらの億万長者が投資しEdTechを開発しています。EdTechとは教育とテクノロジーを組み合わせた学びの形で個人のペースで個人の能力に応じて学ぶことができます。

EdTechは世界各地で教育効果を発揮しています。アメリカでは私立学校でいち早く導入されました。その後いくつかのチャータースクールでもコンピューターを教育分野に取り入れ成果をあげています。そのチャータースクールの一つ、Summit Public SchoolsではEdTechを取り入れた個別化教育を導入した結果、貧困層の子どもたちに教育効果が高いことが表明され、99%の卒業生が大学へ進学しました。Summit Public Schoolsで開発されたソフトは27州の130校に無料で供与され教育効果をあげています（*The Economists*, July 22nd, 2017）。

この日本が進むべき道を見極めるため、有能な国民を育成しなければなりません。有能な国民とは「雰囲気」「空気」に翻弄されることなく、各個人の意志、意見を持ち、公に表明する人です。

反転学習とActive Learning

反転学習はFlipped classroomの訳語で、東京大学大学院教授、山内祐平氏により全国教育界に広まりました。個別化教育は21世紀教育を代表する教授法ですが、その実践の方策として反転学習が有用です。

反転学習とは、山内氏によると、まず、生徒（学生）にビデオなどの教材が提示されます。この教材はＭＯＯＣなどの教材を使用しても良いですが、原則として教授が作成します。生徒（学生）は家庭でこの教材を自分のペースで学習します。学習した知識を各自教室へもちより意見交換をし、プレゼンテーションをします。その後、教授による一斉授業があり、知識の定着を確認するのです。

コロラド州のBergman氏とSams氏は偶然この学習を発見し、その後草の根で全米に広がりました。クリントンデール高校ではこの学習を採用した結果落第率が61・2％から10・8％に減少しました。サンノゼ州立大学やスタンフォード大学医学部が導入し教育的効果をあげています。スタンフォード大学医学部では学力の定着率の差が生じ、Tutoring制度を使い、大学院生などがTutorとなり学生に直接指導しています。

山内氏によると、反転学習はDeep Active Learningであり相乗効果があると力説しています。Mastering Learning（完全習得学習）は、B. S. Bloomが60年代に提唱しアメリカ教育界で話題となっています。最初にテストを実施し、できる人とできない人とに分かれ、できる人は更に上位の課題が提示されます。一方、できなかった人は、個別化学習で丁寧な指導が加えられます。

Mastering Learning（完全習得学習）が成功するか否かは評価方法の出来不出来によります。Formative Assessment（形成的評価）を導入することがMastering Learning（完全習得学習）を成功へ導く上での必須条件です。

Formative Assessment（形成的評価）とは生徒の理解と習得状況に関して行われる対話型評価です。一斉テストによる「総括的評価」と違って、学習を行う為の評価です。Formative Assessment（形成的評価）の利点としては学業成績全般の向上ばかりではなく、学業不振だった生徒の成績改善に効果的であると言われます。

Mastering Learning（完全習得学習）は個別化教育の一つです。21世紀の教育は一対多の教育から一対一の教育を意識した取り組みになります。教師はTeacherからFacilitatorへと転じます。つまり、「教える」人から、「手助けする」人へと転じます。生徒も受け身の学習者からActive Learnerへと変貌するのです。「教育」から「学習」へと教育現場の風土も変わっていくでしょう。

何のための大学進学？

お隣の韓国では大学進学率が80％を超えると言われます。特に受験倍率が高いのはソウル大学、高麗《コリョ》大学、延世《ヨンセ》大学の三つで、頭文字をとって〝ＳＫＹ〟と言われます。この三つの大学を出ないとまともな就職口がないのでたくさんの受験生が殺到します。つまり「学びの意義」は就職を得る手段となっているのが韓国の教育事情です。

人は何のために学ぶのでしょう。大学進学はあくまで通過点に過ぎません。学びの意義は未成年の状態からの脱出にあります。人間が未成年の状態に甘んじているのは理性がないからではなく、他人の指示を仰がないと自分の理性を使う決意も勇気もないからだといったのは哲学者カントです。

私たちの人生はわれわれの力の及ばない法則で動いています。だから、不安な気持ちになりイライラすることもあります。真の成熟者は人生の予期せぬ出会いを楽しむ余裕のある人です。

文部科学省は２０１４年、世界トップ１００以内を狙える日本の大学13校と、日本社会のグローバル化を牽引する大学24校の計37校をスーパーグローバル大学に指定しました。アメリカのアイビーリーグなどトップクラスの大学への進学はますます狭き門となっているのが現実です。

中国、インド、韓国などから優秀な学生がアメリカのトップ大学を目指しています。アメリカ国内では電子申請が導入された結果、一人が多くの大学を容易に志望するようになりました。その結果、10年前と比較し合格率は極端に低下しました。

ランキング2位のハーバード大学では1984年に1万3614人の志望者がいて合格者数は1599人でした。それが、2012年には3万4303人が応募し、1653人が合格しています。2012年の合格率は4・8％です。

同様にスタンフォード大学では1980年代には合格率が15％から20％であったのが2012年には5・1％まで低下しています。イェール大学は20％から6％に低下しています。こうした現状の中、ベスト100に日本の大学13校が食い込むことは至難の業と言えます。「真の学力」を求めて、100番以下のアメリカの大学は興味深いカリキュラムを組み学生をひき寄せています。

セントローレンス大学では全寮制教育で人材を育成しています。寮と言ってもモンゴルの遊牧民のテントで寝泊まりをするのです。自然の奥深くでテント生活するのであらゆる電子機器は使えません。電気もありません。もちろんファストフードは手に入りません。学生はサバイバルの経験を積みます。文明から遠ざかり、自然と対峙します。

ウェブスター大学では国際交流教育を推進しています。タイやガーナなど世界各地にキャンパスを持っています。自分が好きな場所で交流学習を受けます。大学教育アドバイザーのAlice Kleeman氏は、エバーグリーン州立大学のNarrative evaluation（談話形式プロセス評価）

は旧来の段階評価に代わるもので画期的であるとし、その大学へ通っている学生に再会した時あまりの変貌ぶりに教育の成果を確認したと言っています（*TIME*, March 30, 2015）。

グローバリズム、その先の英語教育

グローバリズムはアメリカ化（Americanization）と言い換えることができます。世界中にグローバリズムの嵐が吹き荒れ、その後、英語がリンガ・フランカと見做されるようになりました。リンガ・フランカとはもともと地中海沿岸の港町で使われていた、フランス語、スペイン語、イタリア語、ギリシャ語、アラビア語などが混じった混成語のことを指しており、サビーア（Sabir）とも言われます。

イギリスのBrexit（欧州連合からの脱退）、そしてアメリカのトランプ大統領の誕生により、世界各国で貿易保護主義政策がとられるようになりました。こうした潮流を受け、グローバリズムの終焉が叫ばれています。

今回の新学習指導要領の改定で日本の教育の風土も大きく変わろうとしています。英語の大学受験科目に４技能入試が導入されます。「スピーキング」が大学入試科目に加わることになりました。英語教育の変革は『今後の英語教育の改善・充実方策について　報告～グローバル化に対応した英語教育改革の五つの提言～』（平成26年9月26日）に端を発しています。

この提言の最終目標は英語により「相手の意図や考えを的確に理解し、自らの考えに理由や根拠を付け加えて論理的に説明したり、議論の中で反論したり相手を説得したりできる」と記されています。

日本はhomogeneous society（単一民族社会）であり、英語を学ぶ環境はEnglish as a foreign language（外国語としての英語）です。アメリカにいて英語を学ぶ移民などはEnglish as a second language（第二言語としての英語）で、彼らと学習環境が大きく異なります。日本人にとって「書く」「話す」のスキルの習得はかなりハンディがあります。

日本の学校で使われている英語の教科書を見てみましょう。英語はリンガ・フランカとは言われるものの教材を見ると、西洋志向です。今後、東南アジアや中近東の人々とも英語でコミュニケーションを図る場面が増えるでしょう。英語教材も国際性を意識する必要があります。

２０１８年度に実施された大学入試共通プレテストのリスニングでは英米人以外の人の話す英語が流れました。日本人らしきスピーカーの英語でした。これからの英語教育の進む方向を示唆しています。

小学校から英語が教科化され、中学校の英語教育も大きく変わるでしょう。東京都では高校入試にスピーキングの導入を検討しています。２０２３年まで、各大学の判断で共通テストと認定試験のいずれか、又は双方を選択利用することになります。２０２４年以降については未定で、文部科学省は共通テストの英語試験を廃止したい意向を示しています。

ほとんどの生徒がセンター試験を受験するいわゆる進学校では対応にそれほど変化はありませんが、センター試験を一部の生徒しか受けない学校は対応に大きな変化が求められるでしょう。東大は二次試験を変えないと言明しています。難関大学を目指す進学校は旧態依然の受験指導も継続する必要があります。これでは改革が形がい化するのではないでしょうか。

不易流行。今回の新学習指導要領は不易の部分が削られ流行に重きを置いています。共通テストの国語では現代文の比重が増し、古典などの比重は軽くなります。小学校では日本語教育より英語教育に比重が置かれ、私立中高一貫校は英語を入試科目に入れてくるでしょう。

公立中学校との英語教育に関する学力の差が生じるでしょう。言語はそれを使用して自分の感情を表現する手段ですが、単なる意思伝達の道具以上に、言語形態に人間の心理が刻み込まれています。日本語を軽視することは日本人の心理が大きく変化することです。日本文化の衰亡も懸念されます。

私は今回の英語教育改革の課題として次の2点を挙げたいと思います。

①文部科学省は2024年から共通テストの英語は廃止し全面的に民間の認定試験に移行させたいと考えている。認定試験が民間丸投げとなり、英語教育は変貌するであろう。公教育の危機に瀕する。

②高校3年時に年2回の、民間の認定試験の結果を提出する。実際は2回以上受験可能とな

る。英検、TEAP、GTECなどは第1回目を6月上旬から7月に置いている。第2回目は9月から11月に実施される。一般の高校3年生は学校行事、部活動等の時間を割き対策を練る必要がある。地域格差、親の所得格差、公立高校と私立中高一貫校との格差が生じるであろう。

1%の英語エリートを育成する為に99%の国民を犠牲にしています。エミール・シオランの「祖国とは国語だ」の言葉をかみしめたいものです。

第13章　「公教育」のゆくえ

個別化する教育

社会は目まぐるしく進展しています。10年後、20年後の日本の姿を推測することは容易ではありません。

ロボット技術がすさまじい勢いで進歩し、これまで人間にしかできないと考えられていた仕事がロボットなどの機械に代えられるだろうと、英オックスフォード大学でＡＩ（人工知能）などの研究を行うマイケル・Ａ・オズボーン准教授は言います。

ロボットに任せられる分野の仕事は任せ、人間はより高次なクリエイティブな仕事をすることになるだろうと推測しています。

より高次なクリエイティブな能力は従来の一斉学習では身に付きません。行き着く先は個人の能力に即した、個別化教育です。

新自由主義、市場原理主義の社会では教育に資本投資ができる層とそうでない層の差がますます拡大します。教育格差の解決に向け進むべき道は個別化教育です。

ＯＥＣＤ／ＣＥＲＩプログラムにも個別化教育の進むべき道について次のように書かれています。

「個別化教育とは、学級や学校を変革し、コミュニティからの支援によって、公共サービスを内側から変えていこうとする試みです。そこでは、多様な生徒を包括する公教育においても、個別化することによって高い水準の教育プログラムを提示しようとします。」

（ＯＥＣＤ教育研究革新センター編著『個別化していく教育』２１６頁）

旧来の教育と個別化教育の違いに関してAnne HyslopとSara Meadは旧来の一斉授業と個別化教育の特徴について次のように述べています。

〈最も効果的な一斉授業形態とは〉

- 生徒は主要科目の重要な単元を一斉に学ぶ。
- 単元は連続して相互に関連づけられた標記になっている。
- 授業の運営は標準学力範囲内で実施されるテストの段階別結果を基に進められる。
- 授業評価は単元の終わりや学年の終わりに実施される。

〈個別化教育とは〉

- 生徒の興味にそってそれぞれ異なった内容の教材を使用する。

- 生徒はそれぞれ彼らの興味に応じ、異なった単元を学習する。
- 生徒はそれぞれ異なった速さで授業を進める。
- 生徒が一つの単元を完全に習得したと判断された段階で評価が下される。評価を出す時期は学期の終わりや単元の終わりに関係ない。

(*A Path to the Future: Creating Accountability for Personalized Learning*, Anne Hyslop and Sara Mead)

個別化教育と一斉授業との大きな違いは、個別化教育は「個」を尊重する教育だということです。「個」の創造性を育み、独自性(Unique)を尊重した教育です。

評価の形式も旧来の「**総括的評価**」から「**形式的評価**」(Formative assessment)、あるいは**対話型評価**(interactive assessment)やEvergreen州立大学のNarrative evaluation(談話形式プロセス評価)へと発展します。こうした評価を実施するとなると担当する教員の力量が要求され、その教員を育てる学校の組織的運用能力が試されます。

個別化教育が進む上で大きな障害となるのは全国統一試験の扱いです。アメリカでも2002年、当時の大統領ジョージ・ブッシュが進めたNo Child Left Behind(一人の落ちこぼしも出さない教育)の制度により、アメリカ全土の公立学校は過度な競争を余儀なくされました。学力が上がらない学校、生徒が集まらない学校は廃校となり、教職員は廃業しました。アメリカの公立学校における良い学校の定義は全米統一学力テストの結果を判断基準にしました。個別化教育を実践する中では統一学力テストの結果は期待できません。個別化教育を実施する学校は学力テストの点数が取れないと、世間に対する説明責任（Accountability）が果たせません。

この傾向は日本の教育界にも言えます。グローバル化に抗するため、日本は独自性、創造性のある児童・生徒の育成にシフトしつつあります。一方、全国学力テストの結果を「良い学校」の判断基準にしようとする社会の風潮があります。ある自治体では全国学力テストの結果を公表しました。大阪府のように全国学力テストの結果を調査書点として採用しようとする自治体もあります（文部科学省は２０１６年度に限定し許可しました）。

全国学力テストの結果を求められる公立学校において、個別化教育の導入は厳しい道のりとなっています。旧来の一斉授業は工業化、産業の発展のために有能な労働者を育成する上で教育的成果を発揮しました。「個」の育成に主眼を置いた教育では、全国学力テストの結果にすぐ教育効果が反映することは考えられません。長期的視野に立った教育成果を諾とする日本に成熟する必要があります。

ユニークであること

ユニーク（unique）という英語には「**類をみない、唯一無二**」という意味があります。これからの社会で有用とされる人材の資質、能力はuniqueです。

日本ではあまりなじみがありませんが、「羊飼い」という職種があります。ヨーロッパの知識人には、引退したら「羊飼い」の生活をしたいと返事をする人がいると話に聞いたことがあります。この仕事は跡を継ぐ者がいないと10年後は消滅するであろうと言われています。この仕事は少し前まで軽視されていました。しかし、羊にとって最適な牧草地を求め一日中山野を歩き回るには経験を要します。最近ではこの仕事に対する社会の評価は高くなっています。

スペインに「カタロニア羊飼い養成学校」があります。28歳のローラ・マドリッドという女性がこの学校に通っています。彼女は生物学の修士号を大学で取りました。大学で学究生活を送るのと同じくらい羊飼いの生活は充実している、将来、ピレネー山脈で羊を追いながら孤独な人生を楽しんでいるだろうと彼女は言っています（*International New York Times*, Wednesday, August 19, 2015）。

元国連職員の赤阪清隆氏は言います。

国連にはprofessional staffは３万１０００人います。その中で日本人は７６５名で全体の２・４％に過ぎません。一方、予算負担額は約３００億円で全体の10・８３％です。22％負担しているアメリカ合衆国に次いで2番目です。

そのアメリカ人職員は日本人の約10倍います。国連職員にもっと挑戦してほしいと言います。国連職員になる近道として外務省のジュニア・プロフェッショナル・オフィサー派遣制度に申し込み、研鑽を積むのが良いと話しています。

赤阪氏は長年、国連職員採用面接官も務めてきました。日本人は言葉を使って自分の気持ち、意欲を伝えるのが苦手であると断言しています。自分は他人に対しこれだけは負けないというものを持ち、英語なり他の言語で自分の気持ちを正確に伝える技術の習得が必要となろうと話しています。ここでもユニークなる人材を育てることが21世紀の教育にとって不可欠です。ユニークなる存在は個別化教育の中から育っていくと確信します。

STEM教育とは

2014年の統計によるとアメリカ合衆国での大学卒業者の失業率は3・2%であるのに対し、高校卒業以下の失業率は9・6%となっています。1973年は大学卒業以上の学力を要する仕事は全体の16%であり、高校卒業以下の学力を要する職業は全体の32%でした。2020年の予測では大学卒業以上の学力を要する職業は35%になり、高校卒業以下の学力を要する職業は12%にまで減少するとされています。2020年までに今ある職業の3分の2以上は中等教育以上の学力が必要になると統計は語っています（*TIME*, February 24, 2014）。

　この現状を見て、オバマ前政権はK－12（幼稚園から高校卒業までの13年間）の教育に力を入れることの重要性を認識し、ＳＴＥＭの頭文字で代表される能力養成に特化した高校を全土に設置しました。ＳＴＥＭとはscience（科学）、technology（技術）、engineering（機械工学）、mathematics（数学）の略です。ＳＴＥＭ学校は主に次の三つに集約できます。

①National Academy Foundation (NAF) Schools
　前Citigroupの会長であるSanford Weill氏によって創設されました。生徒は工学分野、サービス業分野、医療・健康分野などのコースから選べます。生徒はインターン制度をへて、企業に就職します。こうした学校が全土に約４００校あり卒業率は96％を超えると言われます。

②Early College High Schools (ECHS)
　生徒は高校に在籍しながら専門技術を学びます。同時に単科大学の単位も習得します。

③P-TECH
　6年制の学校です。科学、数学、工学などの準学士を取得できます。指導者は大企業から派遣されます。

他に、ビル・ゲイツ氏のGates Foundation ssq1があります。この学校は280校のカリキュラムを改編し8万人ほどの学生が学んでいます。90％以上の生徒は高校卒業生です。これらの学校はGE、IBMやマイクロソフト社などの一流企業と提携しており、16歳から19歳まで手に職を付けた生徒を優先的に採用しています。いくつかの大学ではこれらの学校で習得した単位を生かすことができます（*TIME*, February 24, 2014）。

公教育の復活に大きく貢献したのはP-TECHです。この学校のシステムはチャータースクールのように現況の公教育の器の中で運用するもので、生徒のモチベーションをアップしたばかりではなく、教師の意識改革に貢献しました。また、企業の教育業界参入意欲を高めました。オバマ前大統領は1億ドルの予算を承認し、P-TECHのような学校の設立を約束しました。東京都では商業高校の復活をめざし、2018年度から「商業教育コンソーシアム東京」を設置し、企業との連携を密にしていくこととしています。

全寮制教育の可能性

2015年夏、岩手県の中学校で一人の生徒が列車に飛び込み自殺しました。担任の教諭との交換日誌に自殺にまで追い詰められた心情がつづられています。その言葉に対する担任からのコメントは「明日の研修、たのしみましょうね」です。

教育に大きな変化が生じています。教育から生命への畏怖が欠けてしまいました。その原因は教師に「公人」としての意識が欠けていることと、社会が教師に対し「公人」と見なさない風潮があるからです。教師は知識を教える手段としか見なされていません。

3・11の後、奉仕活動に従事する人は増えています。被災地のため、この社会のため献身的に働こうとする人がいました。自分の利益より社会の利益を優先する人は「公人」です。教育の目的は「公人」を育てることといえます。

公教育が私事化しています。市場原理主義と教育の私事化により、戦後の教育は大きく価値観が変わってしまいました。「公人」の対極にあるのが「私人」です。「私人」は「公」の興味より「私」の関心事を優先します。市場原理主義のもと、教育は効率性をもとめ、民間に任せようとする動きがあります。本来、公教育に携わる者はcivil servant（公僕）ですが、今、教育はサービス業と見なされています。こうした風潮の中、人々の心の中で「私の尊重」が「公の尊重」を凌駕してきました。この流れを食い止めようとしたのが今回の教育基本法の改正です。

1984年に設置された臨時教育審議会の答申で『個性を尊重する基本方針』が出されました。その後、公教育の分断化が進みます。「個性化」の定義があいまいな中、教育現場は混迷し公教育はマスコミから批判にさらされました。豊かな社会が実現し、教育現場では道具としての知識が尊重され、公教育の私事化が加速します。特に90年代は「失われた10年」と呼ばれます。社会構造の変化、政治体制の変革の中、真の知力についてあまり語られることがありませんでした。

真の知力は徳育の下で身に付きます。今、徳育の意義を見出す時です。徳育を最も効果的に生かす教育システムが全寮制教育です。親元を離れ、仲間たちと寝食を共にする中で人と人と面した人間関係を構築します。寮勤務の教員は舎監と呼ばれ、親代わりとなります。つまり、ここには育てる教育があります。今の教育現場では師弟という言葉は死語になり、教師と生徒は友達関係のようになっています。全寮制教育は生命の畏敬を体得する場です。全寮制教育で「公人」を育てるのです。全寮制教育によってcivil（市民）意識が育つのです。

真の知力は徳育の下で育ちます。徳育を最も効果的に施す教育システムが全寮制教育です。しかし、寮勤務の教員が親代わりになるため、教員の負担が大きくなってしまいます。知識、技術の習得に特化し、生きる教育と切り離してやれば教員はもっと楽になるだろうとの声が聞こえてきます。

日本版ボーディングスクールを

２０１５年10月、パリで起こったテロリストによる乱射事件の５日前、私はそのパリにいました。ＮＰＯ法人『生命の碧い星』の一員として、日本と東南アジアの大学生を連れ、国連欧州本部での『国連創立70周年記念事業』に参加していました。

国連本部を始め、ＷＨＯ本部、ＵＮＥＳＣＯ本部、ＩＵＣＮ本部、ＩＯＣ本部などを訪問し、レクチャーを受けました。

東南アジアの学生が英語で盛んに建設的な質問をしますが日本の学生は沈黙を保っています。難関とされる大学に在籍する日本の学生は英語力は抜群ですが、質問力が弱いことを痛感しました。

巷ではアクティブラーニングが授業の主流となっています。私もほぼ毎日都立の進学校を訪問し、英語の授業を観察していました。

そもそもなぜアクティブラーニングなのでしょうか。２０１４年11月20日の文部科学大臣の答申によると課題解決型の能動的学修により、知識を獲得するだけでなく、柔軟な思考と広い視野をもつ人材の育成を期すと書かれています。

東京都の調査によると、小学生でもほとんど毎日ＳＮＳを使用しています。ＳＮＳ使用によるトラブルは小学生で５・８％、高校生になると27・３％にものぼります（「ＳＮＳ東京ルール」東京都教育委員会）。

若者の生活パターンが大きく変わってきています。この事実を認識せずに、教育論を語っても不毛です。

New York Times（December 10, 2015）に興味深い記事がありました。人種、宗教など多様性に富むグループの方が、単一民族のグループよりある問題に対する正答率が58％も高い。単

一民族、単一思想集団は偏った考えに集団が流れやすいというのです（Sheen S. Levine; David Stark)。

日本にも「ボーディングスクール」を作ることを提案したいです。公立の中高一貫校でこの「ボーディングスクール」をモデルに社会のリーダーを養成すべきです。しかし、米英の「ボーディングスクール」には上流階級、エリート教育の側面があります。日本では全寮制教育で社会のFront runnerを育てることを主眼としたいです。

学力だけではなく、人間と人間との付き合い方、コミュニケーションの力を鍛えていきます。いろいろな思想、信条の人間が24時間生活を共にする中で自立する心を涵養するのです。

生活苦を抱えている生徒など教育現場には多様な児童・生徒がいます。セーフティネットで学びの環境を保障するのも大切ですが、それを全寮制でカバーするとなるとコスト的にも難しいです。社会のリーダー育成を主眼とした全寮制教育を推進すべきです。

是非、国が中心となり全寮制の学校を作ってほしいです。それには、学校教育法施行規則を見直し、「全寮制」を設置基準に加えてほしいです。

IBの求める「学力」

IB（国際バカロレア）は1968年、スイス・ジュネーブでNPOとして発足しました。

もともと国際的な教育環境で学ぶ生徒に大学進学への道を準備する中等教育修了資格を用意する機関でした。

１９９８年に東京学芸大学の西村俊一氏他により先行研究がなされています。それによるとＩＢの目的として「**全人教育**」(the education of the whole man) が強調されています。その内容は、

⑴ いかなる職業、いかなる学科専攻にも必要な「道具」の利用法を習得させる広範な一般教育を行う。

⑵ できるだけ柔軟に科目を選択させ、生徒の興味や能力に応えるようにし、同時に均衡のとれた教育を確保させる。

とあります。

IB Mission Statementによると、ＩＢの使命は、「多文化に対する理解と尊敬を通じて、平和的でより良い世界の実現のために貢献する探究心、知識、そして思いやりのある若者を育成する。この目的を達成するために、本機関は世界中の学校、政府そして国際機関と連携し国際教育プログラムの開発と厳正な評価方法開発の念を惜しまない。

本機関は世界中の児童・生徒に対し、行動的で他人に対し洞察心をもち、さらに生涯学び続

ける人になるよう働きかける。そうすることにより、児童・生徒は自分とは異なる思想・信条の人々に対しても理解を示すことができるのである。」と書かれています。

ＩＢの教育理念として西洋型エリート教育というより、**世界標準知（global competency）**の獲得と世界のリーダーとなるべき人材の育成を主眼としています。

教育再生会議の提言を受け文部科学省は、一部日本語で教える国際バカロレアプログラム（日本語ＤＰ）の開発、導入を進め２０１８年までに推進校を２００校指定すると発表しました。

ＩＢの学習者像は「探究する人」（Inquirers）、「知識のある人」（Knowledgeable）、「考える人」（Thinkers）、「コミュニケーションができる人」（Communicators）、「信念をもつ人」（Principled）、「心を開く人」（Open-minded）、「思いやりのある人」（Caring）、「挑戦する人」（Risk-takers）、「バランスのとれた人」（Balanced）、「振り返りのできる人」（Reflective）、とあります。

世界約１５０カ国、４８４６校がスイスに本部を置くＩＢ機構によって認定されています。日本の学校卒業資格の得られる1条校（学校教育法第1条に規定されている学校）のうち認定校は20校です（２０１７年6月現在）。

ＩＢが求める「学力」は世界標準知です。世界標準知は「21世紀型能力」とも言い換えることができます。この能力はＩＢが準備する「国際教育プログラム」を通じて身に付けられます。

ＩＢは「国際教育プログラム」の概要を次のように記しています。

■異なる文化、言語、信条の人々が共存できる地球市民の育成。
■自分の属する国に対するアイデンティティ、それに自国文化を意識する態度の涵養。
■世界中の人々に対する普遍的な愛を育み、それに対する理解力の涵養。
■学びに対する喜び、発見に対する喜びの気持ちを高めるための好奇心、探究心を涵養させる。
■あらゆる分野、領域にわたり、グループ、あるいは個人で知識の探求をすすめることのできるスキルを身に付ける。
■自分の属する国で必要な理論や知的関心を求め、世界中に共通する普遍的な知を提供する。
■教育現場での多様な教授法、柔軟な教授法を勧奨する。
■国際水準の評価規準を提示する。

ＩＢは生涯を通じ教えることとの連続性、一貫性を強調しています。ＩＢが施しているカリキュラムを紹介します。

■初等教育プログラム（ＰＹＰ）３〜12歳、全人教育
■中等教育プログラム（ＭＹＰ）11〜16歳、５年間、高度な教育内容と生きる力（スキル）を育成

■ディプロマプログラム（ＤＰ）16〜19歳、２年間、大学入試直前プログラム
■キャリア関連プログラム（ＣＰ）16〜19歳、２年間、キャリア関連学習

３歳から連続してＩＢの教育プログラムを学ぶことでＩＢの教育理念が達成できるといいます。生涯学び続けることが原則です。ただし、認定校においては、このプログラムのどれかを選択すればいいです。

その教育理念の柱は全人教育（the education of the whole man）です。学びを通じて知力、人格、情緒の安定を身に付け、社会人としての成長を期しています。

ＩＢの求める「学力」は、単なる受身の知識ではなく、クリティカル・シンキング（critical and creative thought）を通じて身に付けた知識を小論文の形で論述させる学力を測っています。日本のセンター試験のように膨大な引用文を読み、五肢択一の記号で解答する形式と相対しています。自分自身が身に付けた知識を自分の中で思想化し、それを論述させる総合的文章表現力を見ようとしているのです。

記述式試験の採点の公正さを維持することは難しいです。その点、詳細な採点基準が提示されています。

ＩＢ教育課程の構造は、「国際バカロレア規約」（General Regulations）の第２条に規定されています。概要は次の通りです。

A　6科目の概要（各グループから1科目ずつ選択）
(1)　語学A（第一言語）：世界文学を含む
(2)　語学B（外国語）：言語習得法、または別の語学A
(3)　人間学：哲学、心理学、社会人類学、歴史学、地理学、経済学、組織学
(4)　実験科学：生物学、コンピューター科学、化学、デザイン工学、環境システムと社会
(5)　数学：数学の計算、数学研究、高等数学
(6)　芸術科目：ダンス、音楽、映画、劇、ビジュアルアーツ

B　その他の科目
(1)　課題論文6科目の中から1科目を選び、研究を進め4000語以内の論文を完成する。
(2)　**TOK「知識の理論」**（Theory of Knowledge）
(3)　CAS（Creativity, action, service）スポーツ活動、奉仕活動

「知識の理論」はIBの教育課程の中で特徴的な科目の一つです。「知識の理論」はフランスのバカロレア試験の必修科目である「哲学」をベースに考案されました。日本の後期中等教育では選択科目が多く、専門の教科にばかり特化した学習になりがちです。その対極にあるのが「知識の理論」です。教科横断的に知識を身に付けることが要求されます。

「知識の理論」では「どのようにその知識を獲得したらいいのか？」（How do we know?）が常

に問われます。いわば**「探究型」授業**です。

教育課程の中で「知識の演繹的な性質」(interpretative nature of knowledge) を学ぶ時間として位置づけられています。

21世紀の日本の教育

私が教員になった頃、ベテランと呼ばれる教員がどこの学校にもいて新採教員の指導をしていました。授業はいつも開かれており、ベテラン教員の授業を見て、指導方法を自分のものとしていきました。東京都では最低3校の校種を退職までに経験することが義務付けられていました。全日制で教えたら、次は定時制あるいは専門課程のある学校で教える。他校種を経験することで目の前の児童・生徒に合わせた指導方法を自分自身で生み出していくのです。

「教員は学校で育つ」という言葉はすでに死語となってしまいました。しかし、21世紀の日本の教育を考える時、学校現場で教員を育てる風土をもう一度見直す必要があると思います。

２０１５年12月21日、中央教育審議会より『これからの学校教育を担う教員の資質能力の向上について』と題する答申がありました。この中に**「チーム学校」**という表現があります。これからの日本の教育を考える時、教員一人ひとりの力量で学校は改革できません。教員集団が組織的に取り組むときに力となります。また、有能な地域の人材を活用することで、学校という狭い空間を超えた力の活用が可能となるのです。

教員の大量退職、大量採用の影響で教員の経験年数の均衡が崩れています。２０１３年度の調査によると、中学校において経験年数５年未満の教員は全体の20％もいて、ミドルリーダーと言われる経験年数11～15年の教員の割合（約８％）のおよそ２・５倍になっています。中央教育審議会の答申によると、大学あるいは地域の教育委員会との連携のもと、教員のキャリア教育の充実が喫緊の課題であると指摘しています。

TALIS 2013によると、「もう一度仕事を選べるとしたら、また教員になりたい」と答えている日本の教員は58・１％です。一方、参加国平均は77・６％に達します。我が国の教員は決して人気の高い職種ではなさそうです。

２０１１年の一般教書演説でアメリカのオバマ前大統領は「この国を良くしたいと思うなら、そして子どもたちの未来に影響を及ぼしたいと思うなら、教師になりなさい」と強く呼びかけました。隣の韓国でも教師は『国家を築く者たち（Nation Builders）』と呼ばれ尊重されています。「教育は国家百年の大計」「教育は人なり」という言葉で表されるように、日本でも教育は国家創造の根源として理解されていました。今一度、教育を政策の根幹に据える必要があります。

これからの教員に求められる資質として、答申の中で次のように記されています。

■自律的に学ぶ姿勢を持ち、時代の変化に対応し、情報を適切に収集し、選択し、活用する能力。
■アクティブラーニングの視点からの授業改善、道徳教育の充実、小学校における外国語教育の早期化・教科化、ＩＣＴの活用、発達障害を含む特別な支援を必要とする教育への力量。
■「チーム学校」の考えのもと、個人の力を発揮するだけでなく、組織的に取り組む力。

21世紀は学びの形が変わります。バー氏とタグ氏（１９９５年）の"From Teaching to Learning"に教授パラダイム（The Instruction Paradigm）から学習パラダイム（The Learning Paradigm）へと教授法が大きく変わることが予測されています。日々大きく変化する今日、グローバルスタンダードな人材を育てるために日本の教育界も学びの形を変える必要があります。本来、学士力向上を目して書かれた論文ですが、初等・中等教育現場にも応用できます。教授パラダイム（The Instruction Paradigm）と学習パラダイム（The Learning Paradigm）を対比した部分があるので一部紹介します（図25）。

教授パラダイムから学習パラダイムへ学びの形を変えていくことが21世紀の日本の教育の向うべき方向です。これが、アクティブラーニングです。

	教授パラダイム	学習パラダイム
教育上の使命と目的	授業の提供	学習の創造
	教授から知識の転送	学生による知識の発見と構築
	教授科目とプログラムの提供	有用な学びの空間の創出
	多様な学生の成功の達成	多様な学生の成功の達成
	知識のインプット、知識量	学生の成功を導く学び
	入学する学生の資質	卒業する学生の資質
成功か否かの規準	カリキュラムの改造、発展	学びの術の向上、発展
	知識の質と量	知識の有効活用に処する質と量
	入学する学生数、収入	学びの成果と効率性の総合
	学部の質、教授力	学生の質、学びの質
	学問の全体より知識の細部	知識の細部より全体的、総合的知識
	学びより時間を意識した授業	時間より授業内容を意識した授業
	50分授業、３単位	学びの意欲が高い限り授業継続
	授業開始と終了は定刻	学生が学びの意欲が続く限り
教授/学びの仕組み	１つの教室に１人の教師	指導形態にとらわれない
	独立性、秩序、学科の優先	教科横断型、学科横断型
	授業内容そのものを重視	学習の専門性を重視
	学期末試験	時期に縛られない考査の実施
	クラス内で教授による学力別順位	教室内の範囲を超えた外部授業評価
	私的な評価の実施	公的な評価の実施
	学生が習得した単位数に相当	学生が獲得した知識、能力による学位認定

図25 From Teaching to Learning（岩崎訳）

Change: The Magazine of Higher Leaming, Volume 27, lssue 6, 1995, Robert B. Barr & John Tagg

「学びの改革」

２０１７年３月に「中学校学習指導要領」、翌年の２０１８年３月に「高等学校学習指導要領」が告示されました。新学習指導要領は「学び方革命」です。「何を教えるか」と同時に、「何ができるようになるか」という視点で各教科の教育内容が再編されるという初めての試みです。

新学習指導要領の要点は、

⑴ 社会に開かれた教育課程

①各学校が社会とのつながりをふまえて学校教育を策定し、それを実現する教育課程とともに社会と共有する。

②自校の生徒が社会で生きていくために必要な資質・能力を明らかにして育む。

③教育課程の実施に当たって、地域の人的、物的資源を活用する。放課後や土曜日等を活用した社会教育との連携を図る。

⑵ 育成すべき資質・能力

Content-based（知識中心主義の学び）→content-based（知識中心主義）＋competence-based（自

分の持つ知識を活かす能力）に変わります。知識・技能も大切な資質ですが、教科横断的な力が要求されます。習得した個別の知識を既存の知識と関連づけて深く理解し、生活の場で活用できるような知識です。教科横断的力とは、英語と理科、数学と国語というように教科の枠を超え、知識を総合的に学ぶ力です。

⑶ 各教科の特質に応じた見方・考え方

言葉による見方・考え方、社会的事象の地理的な見方・考え方、社会的事象の歴史的な見方・考え方、現代社会の見方・考え方、数学的な見方・考え方が必要になってきます。教科ならではの知識、教科ならではのスキルも大切になってきます。

⑷ 主体的・対話的で深い学び

「主体的な学び」とは生徒が学びに興味や関心をもって向かい、次の学びに結びつくことです。「対話的な学び」とは、他者の考えと交流させながら自身の考えを深める学びです。「深い学び」とは各教科等の特質に応じた「見方・考え方」を働かせる学びです。「深い学び」のキーワードは「協調学習」と「メタ認知」です。グループワークやペアワークをやる中で、自分の知識を友達に語ります。その中で発見があり、真の知識として定着します。この状態を「一般化（generalization）」と呼びます。

(5) 目標に準拠した評価とその観点

「知識・技能」「思考・判断・表現」「主体的に学習に取り組む態度」が学習評価の観点となり、多面的な評価の工夫が必要になります。論述や発表、話し合いなど、生徒が学んだことを活用して思考・判断・表現する場面を設ける必要があります。「主体性」は旧来のペーパーテストでは測れないため、ポートフォリオ評価が必要となってきます。評価を数値化する為にルーブリック評価を組み合わせます。

(6) カリキュラム・マネジメントの重要性

カリキュラムの編集主体は学校です。子どもたちの姿や地域の実情を踏まえ、各学校が設定する学校教育目標を実現するため、学習指導要領等に基づき教育課程を編成します。それを実施・評価し改善していくことが求められます。これがカリキュラム・マネジメントです。

こうした学習指導要領の改訂に至ったのは、激変する社会の要請でもあります。日本の教育に一番必要とされる資質は**Global Competency（世界標準知）**です。

ＯＥＣＤ教育・スキル局長であるアンドレアス・シュライヒャー氏はGlobal Competency（世界標準知）を次のように定義しています。

「フェイク・ニュースやポスト真実の時代、同じ考えの人が固まり、文化構造を生み出している。あふれるインターネットからの情報から何が真実であるかを判断する建設的知識、考えの違った人たちとつながり一緒に働く技能を問う力」

ＰＩＳＡ（ピザと読む）を統治する、ＯＥＣＤ教育・スキル局長は「グーグルは何でも知っている」と言います。知識偏重教育の限界を指摘しています。激変するこの社会で「人はなぜ学ぶのか」という学校教育の意義を改めて問い直す時です。

「ポスト真実」とは「情報の真実性より、耳あたりの良い情報をえり好みしていく傾向であり、事実が軽視され、感情や気分など別の要素が事実より影響を持つ状態」のことです。アメリカのトランプ大統領の発言から端を発し、世界的にポスト真実になびく傾向にあります。

育てたい「探究」「感動」力

岩﨑充益氏が『朝日新聞』で「探究」「感動」力について語っていました。

以前著者は校長をしていた都立青山高校の同窓会に出席した。何名かの卒業生と話が弾んだ。話が弾むうちに彼らの高校生活のことになった。豊かな教養を身に付け、内面が充実している人は話していても退屈しない。

卒業生たちの高校時代の思い出は「**祝祭**」に集中した。ここで言う「祝祭」には部活動、体育祭、文化祭は当然の事、美術の授業、音楽、体育の授業が含まれる。

日本における教育の枠組みが大きく変わる。新学習指導要領の育成しようとする力は世界共通の向かうべき方向である。今の高校生が大人になる2030年に向け、日本を成熟した民主主義国家にすべく、あらゆる人種、思想・信条の人々と付き合うことができる人材育成は喫緊の課題である。

古代ギリシャでは**「探究」**と**「感動」**の二つの力の向上を理想の教育と考えた。7〜15歳までの子どもの心身に「詩の暗唱」「楽器の演奏」「体育」「美術」「武術」などのカリキュラムを刷り込んだ。

新学習指導要領は国家戦略として学力政策を提示している。今まで以上に学習方法、評価の部分にまで踏み込んだ内容となっている。新英語テストは2020年から2023年まで民間試験とマーク方式が併用される。高校3年の12月まで民間試験は2回受験機会が与えられる。進学校は必然的に学校生活における隠れたカリキュラム（hidden curriculum）である、芸術科目、文化祭、体育祭などの時間が減らされる。「探究」については新学習指導要領で「総合的な探究の時間」として言及しているが、「感動」に関してはその文言が見あたらない。

共通一次試験成立の歴史を紐解いてみよう。この試験は次の3原則の堅持を主眼とした。第一に、入学選抜者に関与する人間が「公平性」をいかに担保しているか。第二に受験生のどの能力を「適切な能力」として評価するか。そして、三番目に「初等・中等教育への悪影響」を防いでいるか、そうした観点を踏まえ成立したのである。

この3原則は「エドミストンの三原則」の日本版である。受験者の過去・現在・未来のパフォーマンスの三者を等価値として評価するものである。新学習指導要領は「エドミストンの三原則」を踏襲しているであろうか。

もうすでに動き始めた今回の教育改革で失敗はゆるされない。ボルノウは「人生はまじめであり、芸術は晴れやかである」と言った。学生にとって、コツコツと未知なる世界と出会い、経験を深める道のりは苦しくても、真摯に取り組むべきで、それより実り豊かにする芸術との感動的な邂逅は素晴らしいものである、ということだ。私自身、部活動で転んでも何かをつかんで立ち上がる生き様を学んだ。音楽、芸術の授業で感動を学んだ。体育祭、文化祭で仲間と一つの目標に向かって作り上げていく協調性を学んだ。「探究」と「感動」の古代ギリシャ教育から学ぶべき点が多い。

（岩﨑充益「私の視点」『朝日新聞』2017年7月14日〈一部修正〉）

学び方改革

新学習指導要領（2020～2022年）は一言で言えば「学び方改革」と言えます。文部科学省は新学習指導要領を策定し、教育課程を通じて2030年とその先の豊かな未来を築くための教育に着手しています。

２０３０年はどんな世界になるでしょうか。

■知識・情報・技術が**加速度的**に変化します。

■ＡＩの知力が人間の知力を凌駕する社会が到来すると言われます。アメリカのある研究者によると「２０１１年にアメリカの小学校に入学した子どもたちの65％は、大学卒業時に今は存在していない職業に就く」と予測しています。

■**第４次産業革命**の時代と言われます。

■**予測困難な時代**になり、モノを売る時代から、価値を売る時代になると言われます。

これからの時代、ＡＩに使われる人間ではなく、**AIを使いこなす人間**になる必要があります。

若者の意識が変化しています。グローバル化に関する教育に対しても図26の数字から分かるように冷めています。少し前のマスコミ報道によると、新入社員の半分以上は海外赴任を希望しないと答えています。

ＯＥＣＤ教育・スキル局長であるアンドレアス・シュライヒャーは、「グーグルは何でも知っている」と話しています。つまり知識偏重社会から21世紀型competency（能力）を重視する社会になります。英語でcontent-based learning（知識偏重の学び）→content-based（知識）＋competent-based learning（自分の持っている知識を活用する能力）へ転ずると言われます。自分の持っている知識を活用して自分の考えを発出する時代です。

21世紀型Competencyを図式化すると図28のようになります。

前述したように、この**「内省」**という力を付けさせるため、新たな評価が入ってきます。高大接続入試ではポートフォリオが入ってきます。入学してから卒業までの自分自身の学びあるいは課外活動での「**変化のきづき**」を記録しておく必要があるのです。

メタ認知能力を涵養する為に、学びの形が変わります。「主体的・対話的で深い学び」です。アクティブラーニングです。

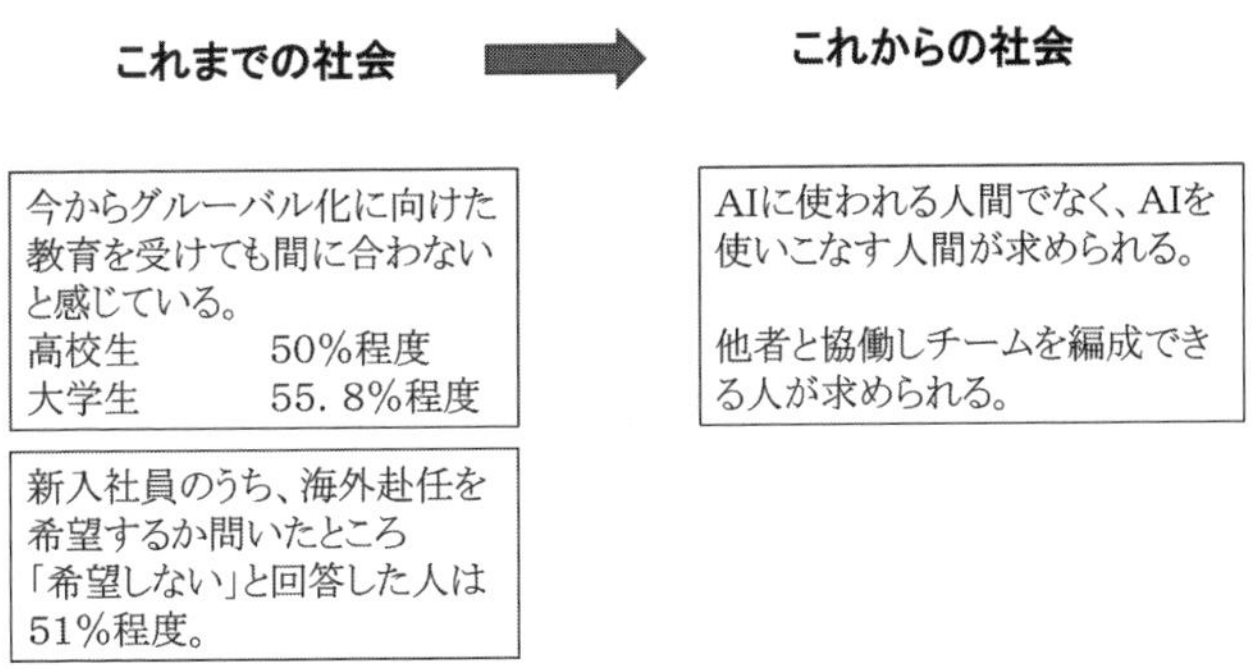
これまでの社会
これからの社会
今からグルーバル化に向けた教育を受けても間に合わないと感じている。
高校生　50%程度
大学生　55．8%程度
新入社員のうち、海外赴任を希望するか問いたところ「希望しない」と回答した人は51%程度。
AIに使われる人間でなく、AIを使いこなす人間が求められる。
他者と協働しチームを編成できる人が求められる。

図26　若者の意識に変化

〈現代とはどのような時代か〉

・第4次産業革命（情報化・グローバル化とAI革命による科学技術の加速度的進展）等により、社会の変化は複雑で予測困難。

〈 2030年の社会の在り方を見据え、その先も見通した教育〉

・予測できない変化に主体的に関わることを通して、自らの可能性を発揮し、よりよい社会と人生を創造できる力を育むこと。

・新たな技術やグローバル化による多様化は、既存の枠を超えた知の統合・新たな価値の創造をもたらす。この変化を前向きに受け止める姿勢や態度を育成すること。

図27　中教審答申に見る改革の方向性

中央教育審議会『幼稚園、小学校、中学校、高等学校及び特別支援学校の学習指導要領等の改善及び必要な方策等について（答申）』（平成28年12月21日）より

	カテゴリー1	カテゴリー2	カテゴリー3
	対象世界との関係	他者との関係	自己との関係
	認知的側面	社会的側面	情意的側面
キー・コンピテンシー（OECD－DeSeCo）	道具を相互作用的に用いる	異質な人々からなる集団で関わる	自律的に行動する
21世紀型コンピテンシー	認知的コンピテンシー	対人的コンピテンシー	自己内コンピテンシー

図28　21世紀型Competency

松下佳代、石井英真『アクティブラーニングの評価』東信堂

アクティブラーニングは方法論が先行しています。真のアクティブラーニングとは児童・生徒の脳がアクティブである活動のことです。アクティブラーニングとはdeep learning（深い学び）の実践です。

ペアワークやグループワークをやっていて、クラスが活発に見えても往々にしてactive workingになっているケースがあります。児童・生徒の脳がアクティブになっていないのです。評価項目をたて、その目標を達成する手段としてどのようにアクティブラーニングを活用するのか考えるのです。

「深い学び」とは

アクティブラーニングはdeep learning（深い学び）です。キーワードは「協調性」「メタ認知」です。P・グリフィン、B・マクゴー、E・ケアは深い学びに関し次のように定義しています。「教育は、協調的な学習活動のデザインと支援が中心となります。子どもの能力は仲間との意見の違いに気づいて根拠に戻って議論し合いながら自分の考えを見直せるメタ認知能力が重視されます」（『21世紀型スキル』北大路書房　２１２頁）

メタ認知とは「自分の心の窓で自分の変化を見る」行為です。ある程度メタ認知能力を備えた児童・生徒はたえず自分自身と心の中で対話するのです。

『デカルトとパスカル』の中で哲学者、森有正氏は人は四つのパーツを持つと言います。

①自分と他人が知っている部分（open window）
②自分は知っているが、他人には見せていない部分（hidden window）
③自分は気づいていないが、他人は知っている部分（blind window）
④自分も他人も知らない部分（park window）

深い学びは協働学習のなか、①〜④までの領域を自分の心の窓で意識することです。こうした学びの形は「**外化**《がいか》」と言われます。

従来の学びは内化に重点が置かれました。つまり、知識の集積に専念し、大学など上位教育機関を目指しました。「深い学び」では、自分の知識を使って、自分の考え、思想などを表明します。グループ学習、ペ

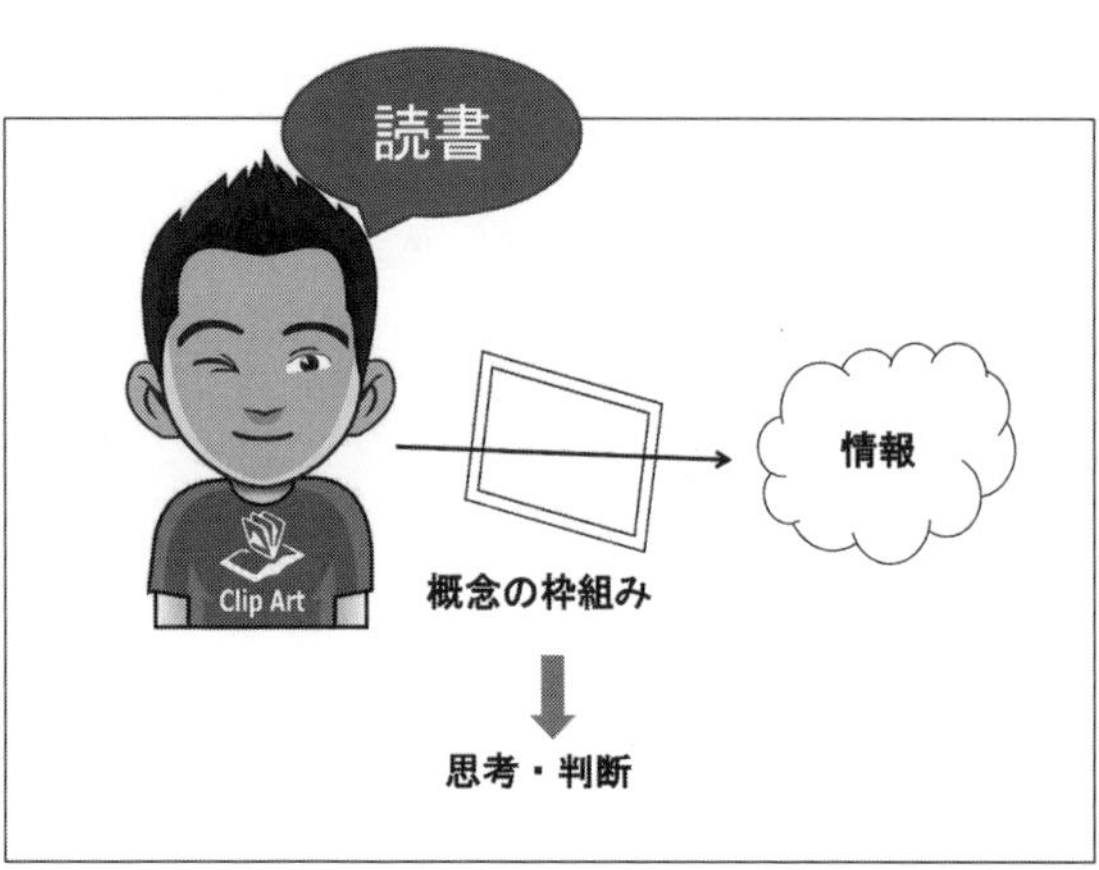

図29　社会的事象に対する見方・考え方のイメージ

アワークでも可能ですが、仲間と意見を交換し自分自身の知識を再認識したり、友達からの話を聞き「**きづき**」が生じます。外化の活動を通じて構築された「きづき」は「**一般化**」(generalization) します。つまり、自ら身に付けた確固たる知識になります。

情報過多の時代です。インターネットなどから莫大な情報が児童・生徒の脳に飛び込んできます。今の時代、知識量に関しては生徒が教師を凌駕しています。知識量で権威を維持できる時代ではありません。

母国語でより沢山の良書を読むことです。何年も綿々と時代の海を生き抜いてきた古典を読むことです。そうすることで、頭の中にフィルターができます。情報をこのフィルターを通して脳へ送るのです。これを「**概念化**」といいます。「概念化」のフィルターを築くために本を読むことを勧めます。

自分の母国語以上に外国語は上達しません。日本語力（国語力）を磨きましょう。ただ、無為に読み、仲間と意見交換をするのではなく、クリティカル・シンキング（リーディング）が必要となります。次に今なぜクリティカル・シンキングか説明しましょう。

今、なぜクリティカル・シンキングか

日本における教育の枠組みが大きく変わります。新学習指導要領で育成しようとする力は世界共通の課題です。今の高校生が大人になる2030年頃に向け、日本は成熟した民主主義国家になるべく、あらゆる思想・信条の人々と付き合うことのできる人材育成は喫緊の課題です。知識偏重主義の教育に対するアンチテーゼとして、伝統的教育と異なった視点に重点を置く必要性が認識されるようになりました。知識とはもっているだけではだめで、その知識を使って行動した時初めて活きた知識になります。その行動が他者にどのような影響を及ぼすか、他者に影響を及ぼさない知識は活きた知識とは言えません。

教育の目的は、

①知識を教え込むのではなく、生徒一人ひとりがお互いの知識を交換するなかで、自らで発見をすることです。
②正しい答えは一つだとする社会通念に対し、常識を疑うことです。
③この社会はあらゆる思想信条の人が共存しています。ボーダーレスの社会になり、そうした人とコミュニケーションをとれる人材を育てることです。

こうした教育の目的を実現する上で必要となる資質・能力はクリティカル・シンキングです。単なる知識としてクリティカル・シンキングを学ぶだけではなく、人の話を真剣に聞く態度としてのクリティカル・シンキングを身に付ける必要があります。新学習指導要領ではこうした知識の必要性が明示されています。着実に学びの形は変わっていくでしょう。

過去の日本には致道館教育のように、知識の詰め込みを排し、自学自習を重視する教えや、対話をして意見を述べることは、異見を述べることであり、こうした対話から発見につながるとする教えがありました。

クリティカル・シンキングを「批判的思考」と訳すところから誤解が生じます。クリティカル・シンキングとは与えられた知識や情報を鵜のみにせず、複数の視点から注意深く論理的に分析する能力、態度のことです。インターネットが普及する今日、情報があふれています。児童・生徒はいとも簡単に情報を獲得でき、知識量は時に教師、教授を凌駕するほどです。こうした知識を概念化するフィルターを脳の中に作る必要があります。このフィルターは母国語である日本語の本をたくさん読み、論理的に思考する中から生まれます。

授業の中でどうしたら知識の概念化が図れるでしょうか。新学習指導要領で謳われているディベートやディスカッションが効果的になるでしょう。

ギリシャの哲学者、ソクラテスの「問いかけ」から学ぶ点が多いです。

参考文献

東島誠（2012）『〈つながり〉の精神史』講談社現代新書
山田洋次（2000）『「学校」が教えてくれたこと』PHP研究所
苅谷剛彦（2012）『学力と階層』朝日新聞出版
本田由紀（2005）『多元化する「能力」と日本社会』NTT出版
立花隆（2005）『天皇と東大』文藝春秋
並木浩一（1997）『ヘブライズムの人間感覚』新教出版社
ルソー（1962）『エミール』岩波書店
ルソー（1979）『ルソー全集　第6巻　エミール』白水社
河合隼雄（1992）『子どもと学校』岩波書店
アレクサンドル・コイレ（1972）『プラトン』みすず書房
石川達三（2001）『人間の壁』岩波書店
T・S・エリオット（2011）『教育の目的とは何か』早稲田大学出版部
山崎正和（2007）『文明としての教育』新潮社
全国特別支援学校長会編著（2010）『フィリア』ジアース教育新社

竹内敏晴（1975）『ことばが劈かれるとき』筑摩書房
立花隆（2000）『脳を鍛える』新潮社
司馬遼太郎（1989）『「明治」という国家』日本放送出版協会
岩崎充益（2015）『都立秋川高校　玉成寮のサムライたち』パピルスあい
フレーベル（1964）『人間の教育』岩波書店
ジョン・デューイ（2004）『経験と教育』講談社
ジョン・デューイ（2000）『学校と社会』岩波書店
J・デューイ、G・H・ミード（2000）『民主主義と教育』人間の科学新社
ジャン・ジャック・ルソー（1962）『人間不平等起源論』岩波書店
ペスタロッチー（2010）『隠者の夕暮・シュタンツだより』岩波書店
エリック・ホッファー（2002）『波止場日記』みすず書房
尾木直樹、宮台真司（1998）『学校を救済せよ』学陽書房
重松清（2006）『小さき者へ』新潮社
小此木啓吾（1998）『モラトリアム国家　日本の危機』祥伝社
西部邁（2007）『教育　不可能なれども』ダイヤモンド社
林竹二（1990）『教えるということ』国土社
大村はま（1996）『新編　教えるということ』筑摩書房

佐藤学（2009）『教師花伝書』小学館
苅谷剛彦、金子真理子（2010）『教員評価の社会学』岩波書店
本田由紀（2009）『教育の職業的意義』筑摩書房
天童睦子（2008）『知識伝達の構造』世界思想社
藤原和博（2005）『公教育の未来』ベネッセコーポレーション
佐藤学（1996）『カリキュラムの批評』世織書房
田中耕治（2008）『教育評価』岩波書店
森信三（1989）『修身教授録』致知出版社
ランディ・パウシュ（2008）『最後の授業』ランダムハウス講談社
アラン（2007）『幸福論』集英社
天野貞祐『教育論』河出書房
TIME, February 11, 2013
A Path to the Future: Creating Accountability for Personalized Learning, Anne Hyslop and Sara Mead
「現代ビジネス」2014年11月8日
International New York Times, Wednesday, August 19, 2015
TIME, March 30, 2015
TIME, February 24, 2014

「ＳＮＳ東京ルール」東京都教育委員会
New York Times, December 10, 2015
「これからの学校教育を担う教員の資質能力の向上について」中央教育審議会答申　平成27年12月21日
溝上慎一（２０１４）『アクティブラーニングと教授学習パラダイムの転換』東信堂
Robert B. Barr & John Tagg (1995) "From Teaching Learning" *Change: The Magazine of Higher Learning*, Volume 27, Issue 6
『教育委員会月報』平成25年８月「国際バカロレアの普及・拡大について」大臣官房国際課12頁
西村俊一（１９８９）『国際的学力の探求―国際バカロレアの理念と課題―』創友社

あとがき

2017年の内閣府の報告によると、日本での子どもの貧困率はおよそ13・9%と少し回復しました。しかし、まだ7人に1人が貧困に苦しんでいます。約280万人の子どもが貧困で苦しんでいることになります。

2013年時点での貧困率は約16%でした。この子どもの貧困を放置した場合、15歳から65歳までの総所得は2・9兆円少なくなります。一方、社会保障費の負担額は1・1兆円増加すると、当時、日本財団が試算しています。同財団は、「子どもの貧困」を放置した場合マイナスの影響額は4兆円になると報告しています。

民主党政権時、高校の授業料無償化で約4000億円の税金が使用されています。高校の授業料無償化の導入により後期中等教育が義務教育化しました。高校の授業料が無償になったものの、それ以外の諸費用がかかる為、経済的に困窮している層にとってなんら恩恵は生じていないのです。

無償化の代償として、教師に対する期待が強くなりました。学校現場で教師は疲弊しています。教師に学習指導のほかあらゆる生徒の指導が要求されているのです。教員としての守備範囲が広すぎます。

教育予算を確保するとしたら、子どもの貧困対策、多様で、優秀な教師を集めるための教員の待遇改善、面倒見の良い教育環境を確保するために一クラスあたりの生徒数削減が先決課題です。

公教育の私事化にともない、教育の成果を数値による付加価値で測る時代になりました。私の教える大学では、教員を目指す学生が減っています。有能な人材は教育界から逃げていきます。

政治、経済、思想、哲学など混沌とするこの時代、もう一度、教育の原点に立ちかえる必要があります。原点とは、**教員は人を育てる職業**であるということです。有能な教員は確実に**児童・生徒を変える**ことができます。

有能な国民とは「雰囲気」「空気」に翻弄されることなく、各個人の意志、意見を持ち、公に表明する人のことです。日本の未来を担う人材は、この国の形をどうするのか、真摯に考えられる「民」です。ここでいう「民」とはハンナ・アーレントが定義した「政治的なものを担う民」です。日常生活のすべて政治に関与するのではなく、必要な時、政治に参加します。その為、日々の自己陶冶に余念のない人のことです。

フロント・ランナーを育成する必要があります。同時に、国民教育の下支えが必要です。衆愚政治に終止符を打つべく、知恵ある国民を育て、知恵ある国家をリードするフロント・ランナーを育成することが今の日本の教育界に求められています。教育の力によってしか社会は変えられません、日本を変えられません。

新学習指導要領が告示されました。２０２０年から小学校、中学校そして高等学校の順に全面実施となります。新学習指導要領の目指す方向は正しいと思います。ボーダーレスの時代になり、単純労働は東南アジアあるいはアフリカ諸国の労働力に取って代わります。今あるかなりの仕事がＡＩに代替されていきます。「深い学び」により、身に付けた知識を使い自分の考えを表明できる人材を育てる必要があります。

市場原理主義、新自由主義の流れの中、東京の資本が地方の経済を食いつぶしています。東京の子どもたちと地方の子どもたちとの文化資本の差は歴然としています。文化資本の差は生涯賃金の差へとつながっていくでしょう。

私の生まれた信州伊那谷にいずれリニア新幹線が走ります。東京と飯田市を40分くらいで結びます。その頃の飯田市の町並みはどう変わっているでしょう。銀座で一杯飲み、その日に飯田市へ帰ることが可能となります。東京の資本が日本の田舎を食いつぶしていくのです。その頃、地方の公教育は勢いを保っているでしょうか。

最後になりましたが、机の中に眠っていた原稿を出版という形で「公」のものにしていただいた東京図書出版の皆様に感謝致します。

岩崎　充益（いわさき　みつます）

1949年長野県生まれ。長野県立下伊那農業高校を卒業、東京教育大学（現筑波大学）在学中に箱根駅伝でアンカーを走る。その後世界放浪、37カ国に滞在する。帰国後、獨協大学外国語学部ドイツ語学科卒業、米国コロンビア大学大学院で英語教授法の修士取得。横浜の私立山手学院高校、東京都立高校で英語を教える。全寮制都立秋川高校の舎監長、都立五日市高校校長、都立青山高校校長をへて、現在、東京都教育庁指導部高等学校教育指導課、特任教授。獨協大学非常勤講師。主な著作に『都立秋川高校　玉成寮のサムライたち』（パピルスあい、社会評論社　2015年1月刊）がある。

「公教育」の私事化
―日本の教育のゆくえ―

2018年10月23日　初版第1刷発行

著　者　岩崎充益
発行者　中田典昭
発行所　東京図書出版
発売元　株式会社 リフレ出版
〒113-0021　東京都文京区本駒込 3-10-4
電話 (03)3823-9171　FAX 0120-41-8080
印　刷　株式会社 ブレイン

ISBN978-4-86641-178-1 C3037
Printed in Japan 2018
落丁・乱丁はお取替えいたします。

ご意見、ご感想をお寄せ下さい。

［宛先］〒113-0021　東京都文京区本駒込 3-10-4
東京図書出版